MÉMOIRES
DE
CHODRUC-DUCLOS

RECUEILLIS ET PUBLIÉS

PAR

J. ARAGO ET ÉDOUARD GOUIN.

> Pauvreté n'est pas vice.
> — Non ; c'est bien pis.

TOME I.

PARIS.
DOLIN, LIBRAIRE-COMMISSIONNAIRE,
QUAI DES GRANDS-AUGUSTINS, 47.

1843.

MÉMOIRES

DE

CHODRUC-DUCLOS.

PARIS. IMPRIMÉ PAR BÉTHUNE ET PLON.

MÉMOIRES

DE

CHODRUC-DUCLOS

RECUEILLIS ET PUBLIÉS

PAR

J. ARAGO ET ÉDOUARD GOUIN.

Pauvreté n'est pas vice.
— Non ; c'est bien pis.

TOME I.

PARIS,
DOLIN, LIBRAIRE-COMMISSIONNAIRE,
QUAI DES GRANDS-AUGUSTINS, 47.

1843.

PRÉFACE.

— « Quel est-il ? quel est-il ? » vous demandait le passant qui tremblait encore de l'avoir coudoyé.

— Son présent, disiez-vous bien bas, est tout entier dans cet étroit lambeau qui flotte; son passé fut vaste et replendissant; son avenir, qui l'oserait mesurer?

Votre croyance était de la sagesse, de la justice.

Dieu a reçu maintenant le dernier mot de cette large éloquence qui a marché dans le monde si puissante et si contemplée à cause de son silence et de son infatigable fermeté. Mais pourtant il en a jailli parmi nous tous un écho trop envahisseur : nous avons trop long-temps écouté de toutes nos oreilles et regardé de tous nos yeux ce fantôme, cet être, ce personnage, ce sage-fou, pour que le retentissement se perde, pour qu'il ne nous arrive pas plus d'une fois de chercher derrière nous l'ombre qui a disparu, d'aller fouiller dans la coulisse pour y retrouver cette figure d'Hamlet qui a déserté notre scène.

PRÉFACE.

Dix-sept années durant, il a glissé devant les curieux ébahis; dix-sept années, pas une de moins, il a poursuivi sa course muette et vagabonde; dix-sept années il a vécu hautement dans ce que les autres appelaient la livrée de la misère et ce qu'ils eussent dû nommer la pourpre de la mendicité.

Entre les gueux il a été le roi, entre les révoltés du monde il a plané comme un aigle sauvage; au-dessus de toutes ruines il a passé froid, sinistre, inviolable comme l'orfraie ou l'engoulevent de nuit.

On a plié, on s'est affaissé, on est tombé autour de lui, et il est demeuré seul, inflexible, dans les champs désolés de la grande bataille humaine. Et il avait été frappé pourtant, atteint dans le cœur, blessé à mort; mais il s'est redressé, il s'est acharné de ses deux mains après sa saignante meurtrissure; il l'a ouverte, étalée toute grande; et, la plaie mise à nu, il s'est avancé calme et impassible, il a traîné droite et altière son héroïque agonie, et il s'est tenu debout jusqu'à la fin dans la jeunesse de ses plus mâles allures. Il emportait la mort dans son sein, et il marchait, il marchait.....

Était-ce un corps jeté en avant par quelque invisible et miraculeux galvanisme? Était-ce le cadavre arraché de sa fosse et conduit par le bras caché du Très-Haut?

Courbons-nous dans notre ignorante humilité; mais, croyons-le, cette bizarre création ne fut pas envoyée, ne fut pas maintenue sans dessein sur la terre. Pour qui regarde avec la pensée, le doigt de Dieu a été marqué dans cette vie; et s'il n'en a pas fermé le livre pour toujours à la page déchirée, c'est qu'il a voulu nous le laisser feuilleter long-temps et avidement, jusqu'à ce que grands et petits eussent lu à leur tour ce qui était écrit.

Quand une ville s'éteint, on lui montre de loin Pompéi; quand un royaume s'écroule, on lui crie : « Voyez Rome. » Quand un homme pleurait sur lui-même, se proclamant malheureux et misérable au-dessus de tous, on entraînait cet homme et, le posant au milieu d'une galerie du Palais-Royal, on lui jetait à la face un suaire noir et déguenillé, disant : « Ceci est plus malheureux et plus misérable que vous, car ceci s'appelle Chodruc-Duclos. »

C'était comme le fossoyeur de tous les renversements, c'était comme une proie oubliée elle-même par la pelle funéraire, c'était un tronc foudroyé se relevant sous l'outrage et grandissant dans la menace; c'était peut-être le débris de quelque vieux et âpre citoyen d'Herculanum qui, s'étant échappé de son lit souterrain, nous revenait criblé des mille colères volcaniques et vivait dans la mort.

PRÉFACE. 7

Sur cette lugubre face il y avait les sillons de tant et de si rudes événements ! Au seul aspect de ces derniers fragments d'existence, on devinait qu'elle s'était brunie et crevassée parce qu'elle avait approché trop près le soleil souverain. Au fond de cet incessant mutisme on entendait une voix qui avait parlé trop haute et trop pénétrante; dans ces mutilations de costume on reconnaissait les vêtements qui s'étaient heurtés aux lambris d'or, qui s'étaient frottés aux broderies.

Mais au-dessous de ces délabrements secoués par toutes les mauvaises brises, il s'admirait plus d'altière majesté que sous les splendeurs les plus fastueuses. Parce qu'il se drapait dans toutes les richesses de sa misère, on se prenait au désir de saluer cet orgueil comme l'Alexandre de Diogène, comme un Diogène, comme un Alexandre tout à la fois.

La tête belle et droite, le pas ferme, le regard scintillant et poignant, les mains derrière le dos, une barbe tombant par longues et grises cascades sur une large poitrine, il s'en allait traînant après lui ses longs et tenaces souvenirs, —chaîne d'or et de fer;—il s'en allait poussant du talon la dédaigneuse et lapidatrice humanité,—globe de marbre et de fange. —

Quel abîme, cet homme! Après les hourras désordonnés et les tumultes sans quiétude, le silence de la tombe; après les fêtes et les parfums, les douleurs intimes et les haillons; après les cortéges fous et infinis.... seul, tout seul dans sa mansarde lointaine, seul dans la grande cité des oublieux, seul dans ce grand univers des impitoyables; sans une consolation, sans une amitié, sans un amour, sans un lien de la nature ou du cœur, sans autre spectacle que ce cercle humain se déroulant sans cesse, bien plus à nu, souvent bien plus délabré de l'âme que son juge examinateur! seul au milieu des indifférences, des consternations, des railleries! seul à côté de cette blanche mousseline que la coquetterie rajuste en retournant un regard de dégoût sur les guenilles frolées en passant! seul derrière cette rose joue d'enfant qui pâlit et se glace parce qu'elle a entrevu l'homme à la longue barbe! seul sur le chemin de cet habit chamarré qui secoue avec dédain la poussière cueillie sur l'habit en lambeaux!

Oh! qu'il a dû penser, cet homme! Oh! qu'il a dû souffrir! Méprise qui voudra ces audacieux mépris de toute route frayée, maudisse qui voudra ces publiques malédictions de l'entourage de tous; les cœurs bien placés pleureront et ne flétriront pas, plaindront et ne haïront pas; parce que sa haine, à lui, ne s'est pas irritée de rien, parce qu'il a rougi sous l'affront et sous la répudiation avant d'insulter et de répudier; parce qu'enfin, s'il a été balayé honteusement par un morceau d'hermine brodée, il avait bien le droit, ce nous semble, de saisir dans sa revanche le premier lambeau venu pour en flageller les renégats.

Diogène fut souffleté deux fois dans sa vie : la première fois par un certain Nicodromus; mais, refusant de s'avilir par une lutte avec l'insolent qui était un homme sans honneur, il se fit, malgré de brûlantes souffrances, écrire sur sa joue enflée : « C'est le lâche Nicodromus qui l'a fait. »

Une autre fois le riche et puissant Midias, se trouvant avec Diogène, le frappa au visage et lui dit :

—Va te plaindre, tu auras trois mille drachmes d'amende.

Diogène le lendemain s'arme d'un gantelet d'athlète, d'un gantelet de fer; et il en soufflette sur les deux joues le riche et puissant Midias, et il lui lance les trois mille drachmes à la face.

Qui condamnerez-vous?

Et d'ailleurs, quel mal vous fait cet être inoffensif qui circule en paix auprès de vous? Que vous importe son élégance ou son délabrement? Est-ce aux vêtements que vous jugez l'homme? Et celui-là ne peut-il pas tout aussi légalement que vous cheminer dans cette voie ouverte à tout le monde? Respirer votre air, est-ce donc y semer le poison ? Tout citoyen ne peut-il pas franchir cette rue, arpenter ces galeries ? Toute créature de Dieu ne peut-elle pas venir se chauffer au soleil qu'il a donné pour tous ? Les chiens et les valets usent bien de ce privilége !

Ah ! prenez garde à ne pas laisser l'habit dominer et trôner ; il n'est pas, voyez-vous, de pire tyrannie que le despotisme de l'éclat. Les cardinaux— cette première hiérarchie des saintetés terrestres— les cardinaux portent costume rouge ; les galériens — ce dernier échelon du crime — les galériens ont un costume rouge. D'un manteau de sang à un manteau de pourpre, où est la différence ?

A travers la tunique trouée de notre Diogène vous avez vu l'orgueil ? Nous y avons vu, nous, l'orgueil et la fierté ; nous avons vu un cœur qui se jetait trop en lumière peut-être, mais qui battait du moins; et ces battements-là ne se retrouvent point partout.

De l'orgueil ! Et quel si grand forfait avez-vous donc nommé ? Vanité de haut ou de bas étage, ambition de palais ou de carrefour, que celui d'entre vous qui n'a pas d'orgueil lui jette donc la première pierre !

Est-ce de l'ostentation qu'un fait dont l'accomplissement est mené jusqu'au bout sans dévier jamais ? Est-ce un simulacre de comédie qu'un rôle rempli pendant dix-sept années sans déserter la scène ? Est-ce une vaine parade qu'une tenue contre laquelle nul choc, nul ébranlement n'a pu jamais prévaloir ? Est-ce de la jactance, de la forfanterie, qu'un courage—oui, je le dis, un courage—qui ne se dément pas et qui se doit mesurer à toute heure contre les hommes, les préjugés, les éléments, et le mépris—cette arme qui blesse à vif ;—et le ridicule—cette arme qui blesse à mort !

C'est du cynisme, dites-vous ? Mais ce cynisme ne va-t-il pas bien près de l'héroïsme ! Comptez, comptez les larmes de l'indigence involontaire, de la misère qui déjà s'est arrangée dans ses douleurs ; et vous serez épouvanté de l'énergie qu'il faut pour venir affronter tête baissée cette mer d'horribles amertumes!

Du cynisme! Mais du moment qu'il ne vous attaque pas, du moment qu'il ne se cramponne pas à vous pour vous entraîner dans son gouffre ou vous châtier de vos dédains; dès lors qu'il ne déchire que lui-même, qu'il n'accroche ses ongles qu'à sa propre chair; dès lors qu'il ne vous assiége ni de ses injures, ni de ses croyances, qu'il ne vous importune même pas de ses lamentations, qu'avez-vous à faire dans sa vie? Une barbe inculte, des haillons, des sandales, voilà du cynisme! Eh bien, après tout, pourquoi ne se proclamerait-il pas cynique? Ninsonius osa braver jusqu'à Néron; et, envoyé aux travaux de l'isthme, il y mourut avec noblesse : Ninsonius était un cynique.

Démétrius fut l'effroi des méchants et des tyrans, il expira sur la paille, et à sa dernière heure il reçut dans sa main la main du sage Sénèque en gage d'admiration : Démétrius était un cynique.

Phocion fut surnommé l'homme de bien : Phocion était un cynique. Diogène était appelé par Platon le Socrate en délire : Diogène était le prince des cyniques.

Mais le prince des cyniques, arrivant un jour chez le prince des philosophes, ne trouva que de magnifiques tapis à fouler, et il s'étonna fort de ce contraste avec ses sandales boueuses chez un Platon prêchant la pauvreté.

Mais Phocion l'homme de bien, se voyant, dans une harangue publique, accueilli de la foule par de grands applaudissements, demandait avec inquiétude à ses amis : « Aurais-je dit quelque sottise ? »

S'éloigner des sentiers battus, voilà qui, seul, condamne au cynisme. Dans une époque de corruption l'austérité c'est du cynisme. Ah ! ne vaut-il pas mieux cent fois ce fanatisme de la vertu, cette rigidité qui frappe l'opulence impudique, cette sobriété, cette abnégation, ce public déploiement de l'existence, tout cela ne vaut-il pas mieux que l'effronterie du vice ou le crime clandestin? Cette indépendance du philosophe qui fait de la rue sa chaire, ne vous parlera-t-elle pas au cœur plus intimement vénérée que la vile hypocrisie, que le mielleux sifflement de la vipère cachée dans les roses?

Les cyniques! Eh! mon Dieu! le plus grand monarque de la Grèce disait du plus grand cynique: «Si je n'étais Alexandre, je voudrais être Diogène.» Et parce que notre Diogène, à nous, a cherché pendant près d'un quart de siècle et de toute la lumière de ses deux larges yeux, parce que sur nos sommités sociales il a fouillé sans trouver, avons-nous qualité pour la réprobation?

Si faire un trou dans sa souquenille c'est dégrader l'image de Dieu, si mettre son pied sur les plates préventions c'est descendre bien loin de sa dignité première, si jeter à plein vent son aventureuse existence d'honnête homme c'est refouler toute morale, c'est prendre sa conscience à deux mains et la briser contre la borne; certes il fut coupable et prévaricateur, celui-là! On ne se bâtit pas une maison de verre voisine des maisons qui se cachent impénétrables comme un rempart; on ne s'élance pas après la lumière chez ceux qui veulent agir dans l'ombre; on ne court pas à travers les grands chemins quand les compagnons de voyage se glissent et s'apostent dans les fourrés tortueux; on ne fait pas de la misère sa parure devant qui fait d'un oripeau volé sa glorification; l'on ne change pas de costume en présence de qui se dépouille de son âme; auprès de ces ivresses dites élégantes, qui épuisent le flot des voluptés menteuses, qui se passent en riant la coupe empoisonnée de la perfidie; on ne renverse pas sa tasse, et, comme ce petit enfant là-bas, on ne s'en va point boire dans le creux de sa main l'eau pure de la fontaine; on ne profane pas de son indiscret franc-parler les hargneux chuchotements de la sournoiserie; on ne trouble pas par son silence les claqueurs de nos arlequins; à côté des infimes prostrations, on ne se redresse pas jusqu'à la majesté de la noblesse, au milieu des serviles accroupissements on n'ose pas l'allure de la grande liberté;

quand les autres sont venus le ventre au sol, on ne s'en retourne pas avec le front dans la nue, on ne descend pas par la sublimité quand les autres montent par la bassesse.

Ou bien alors on n'est plus l'enfant de son époque, et l'époque renie; on ne hurle plus en harmonie avec son dix-neuvième siècle, et le dix-neuvième siècle court sus et crie au scandale. Ce qu'ils aiment, savez-vous? c'est le fruit verreux et gâté, encore niaisement pendu à la branche commune; mais le fruit à terre, mais le fruit hors de saison, fût-il généreux comme un nectar, ils marchent dessus ou le lancent au fumier.

S'il est tombé pourtant, il lui était dû pour cela seul quelque mouvement d'instinctive pitié; il avait eu à subir les souffles pernicieux, ou avait été détaché, renversé par des mains audacieuses, impitoyables. A l'iniquité la sentence, à la douleur la sympathie; la honte et la flétrissure à qui cherche la flétrissure et la honte; au crime son expiation, au déshonneur seul le déshonneur. Oh! par grâce, jamais accusation de suicide contre l'exterminé! Cela est plus qu'une chose illégale, cela est une chose impie.

Saluons bien plutôt cette force dévouée qui de victime s'est faite martyre pour devenir exécutrice; et saluons de tous nos regrets le jour où il a fallu le tonnerre d'une apoplexie pour la mettre au dernier néant, pour étouffer ses mâles vengeances.

Malheur, malheur quand vient à se couvrir la voix du châtiment! Malheur quand l'oppression ne voit plus autour d'elle se dresser l'inflexible menace! malheur quand il lui est donné de relever le front et de n'y pas sentir peser la farouche justice! malheur quand la prévarication peut se retourner impunément et ne plus se brûler les yeux au glaive flamboyant qui s'est posé au seuil des splendeurs! malheur, malheur quand les visages ne deviennent plus livides d'effroi, quand les cœurs ne se fondent plus, quand les pensées ne se troublent plus elles-mêmes, quand les jointures des muscles ne se relâchent plus, quand le tourment n'est plus dans les reins, quand les genoux ne heurtent plus l'un contre l'autre!

Cette figure sinistre était l'anathème vivant; un linceul enferme désormais la fatale apparition, l'anathème survivra. Le fer chaud a été marqué trop fréquent, trop profond, pour qu'il s'efface aisément au sortir du pilori. Disons-le cependant, la présence du supplice est un frein vigoureux, son absence est un éperon à la fougue de l'iniquité. Voilà pourquoi encore le brisement de cette verge redoutée qui dans son activité fiévreuse ne concéda ni paix ni trêve, est une occurrence qu'il faut déplorer. Les grands d'aujourd'hui vont toujours se gonflant dans le rien de leur vénal étalage; toujours de plus en plus haut grimpés sur les échasses de leur morgue; et ils sont précieux, les ongles inexorables qui, bondissant hardiment sur tous clinquants faux, sordides et vils, s'en viennent gratter l'or pour en faire tomber le cuivre, et se pendre aux mesquines élévations pour les jeter à bas.

Entre ces sages perturbateurs, ces formidables traîneurs de claie, Chodruc-Duclos, voilà le maître. Chodruc-Duclos, ce n'est pas un simple balayeur du Temple. Chodruc-Duclos, c'est le Messie de l'éternelle révolte apparaissant aux Pharisiens; c'est la vérité forte soulevant et secouant les sépulcres blanchis; c'est le ministre de la loyale pauvreté précipitant de la tribune profanée l'impérieuse et lâche opulence; c'est le citoyen de l'univers heurtant, frappant partout, sans relâche, sans merci, l'usurpatrice indignité; c'est le soldat du souvenir visant et mitraillant la poitrine des déserteurs; c'est le pontife debout fulminant des autels du sacrifice la sainte excommunication; c'est la populaire majesté bâtonnant la princière valetaille; c'est la virginale indépendance faisant rougir le dévergondage de l'oppression; c'est le cynisme de l'exemple faisant passer sous la fustigeade le cynisme de la cafarderie; c'est la nudité de la vengeance faisant passer par les honnissements de la foule la nudité de l'infamie; c'est le fer de la vendetta braqué sur ce que n'atteint pas la loi; c'est la hache du franc-juge attendant au passage l'impunité; c'est le grand se faisant petit; c'est le costume de l'éblouissement endossant le

costume de l'opprobre; Henri VIII,
bourreau, pour supplicier l'adultère
du trône et de l'ingratitude.

Un souverain de Babylone était calme
dans sa maison et florissant dans son
palais. Or, il osa un rêve tel qu'il sentit
sa tête se troubler, et qu'à regarder si
haut ses yeux étaient blessés. Il avait
vu touchant les cieux par son sommet
un arbre grand et fort qui étendait jusqu'au bout de la terre son fruit si abondant et son branchage si beau. L'arbre
vigoureux fut émondé, coupé, enchaîné
parmi l'herbe vulgaire dans des liens
d'airain et de fer; le célèbre souverain
cessa de vivre avec les autres hommes,
et après un certain temps on le voyait,
veuf de sa gloire et dépouillé de sa

magnificence, promener son néant sur le palais royal de sa Babylone.

Un archange choisi rayonnait sous la main du Seigneur, et il se retourna jaloux contre cette main toute-puissante; et il s'éteignit dans ses splendeurs, et il n'était plus un habitant de l'Eden, et il ne comptait plus parmi ceux de la terre : sa retraite de déchu fut l'abîme infernal; son vêtement, l'ardente mémoire; son attitude, l'éternelle convulsion des deshérités.

Ahasvérus était là présent alors que les sacrificateurs travaillaient aux croix du Calvaire, alors que les Scribes se disputaient et s'arrachaient la tunique de pourpre : il avait touché de sa main la main de Judas Iscariote: et voici qu'il fut frappé de Dieu, voici qu'une sentence tonna dans les cieux disant : « Marche, marche sans cesse! » Depuis cette première heure il marcha sans repos, sans feu ni lieu, sans beaux habits et sans un sourire.

Nabuchodonosor, Lucifer, le Juif-Errant, Chodruc-Duclos est cette austère pléiade : le front foudroyé par la catastrophe, le front dressé pour la révolte, le front montré au doigt de tous; le sauvage piétinant sur le sable, et de là prêtant l'oreille au murmure des mers houleuses et fantasques; l'indompté rameur fatiguant les lagunes du Canalazzo et ne se rangeant pas quand les gondoles ducales passent; le spectre noir

du lazzarone dessinant sur les murs de
Venise sa silhouette maigre et débraillée; le vieux prophète ceint du cilice et couvert de la cendre, et faisant venir le malheur sur la grande maison où siège l'injustice; et le promeneur qui s'en allait vêtu du sac, et rejetant sur Ninive les abominations de Ninive, et regardant avec l'œil du hibou l'asile du mensonge, des vanités fausses et des hardies prostitutions.

Chodruc-Duclos est fait de tout cela : au fond de tous ces sombres tableaux, vous pouvez distinguer son terrifiant squelette. Il est plus encore, il est à lui seul une immense pensée, une poésie que pas une langue ne rendra si ce n'est par ce *Mené! mené! takem!* qui s'en vint glacer de son apparition le palais royal des Balthazar.

Eh! quelle page, cette vie! pas un frémissement du drame n'y manque! Voyez à la première scène : la politique s'y glisse, renverse un berceau et creuse dans le sein de l'enfant la première entaille de cette large plaie du malheur, destinée à s'étaler si saignante.

La scène s'agrandit, l'enfant surgit et se fait homme, le théâtre est illuminé comme en un jour de fête: rayons d'une paupière d'aigle, éblouissements du luxe, lumières d'épée, brillants coups de main, éclatantes péripéties.

L'action se noue; l'ami s'en va frapper au seuil de l'ami: on ne le connaît plus et les tempes lui brûlent sous l'affront, sous la colère; il maudit, il se vengera.

Voici l'heure où se précipite le solennel dénoûment. Le rigide et fougueux outragé se relève de toute sa hauteur, prend son habit à deux mains et, le déchirant jusqu'à la corde, il en fabrique un fouet qui fera crier les illustres ingrats. Il a souillé sa bure pour imprimer sa contagion au velours. Pas une éclaboussure sautant sur ses guenilles qui ne s'en aille rejaillir sur la soie brodée; toute fange nouvelle qu'il conquiert sur sa route semble en montant jusqu'à sa poitrine fixer une croix d'honneur, et rayer du même coup un parchemin à la noble ignominie. Aussi pourra-t-il s'écrier hardi et glorieux, comme cet écolier de Salamanque auquel on demandait de déployer la boue de son manteau : « De quelle année la voulez-vous? »

Le drapeau déguenillé s'agite au vent, la croisade est en marche, Pierre-l'Ermite s'élance : plus de halte que les profanateurs n'aient été à jamais terrassés.

Ils n'ont pas voulu de sa puissance, et il s'en est fait une si grande que pas une autre n'arrive à sa taille. Il a envahi la pleine lumière; il a gorgé ses poumons d'atmosphère libre et généreuse, il s'est élu roi des mendiants, il s'est emparé de sa demeure royale, il s'est installé dans son palais, son palais à lui. Si quelques

PRÉFACE.

prinçaillons y ont pris logement tour à tour, ils ont passé comme autant d'humbles locataires, admis et bannis selon l'événement : il est demeuré, lui, jusqu'à la fin dans sa propriété; chacune de ses dalles était un degré du trône; chacune de ses galeries, un dais; le seul monarque contemporain qui ait gardé depuis son avénement le sceptre et l'inviolabilité a eu ce nom : Chodruc-Duclos.

Puis ce règne a fini par une majesté qui est sans exemple : le roi est mort dans son siége royal........, la rue.

Croyez-vous maintenant qu'elle ne soit pas à étudier, l'histoire de cette rare dynastie, qui ne cite dans son passé qu'un membre vraiment digne d'elle, Diogène; et qui dans l'avenir n'aura plus personne à compter peut-être !

Relevez cette moisson d'étrangetés qui s'est déroulée si féconde, si dorée, si orageuse.

Anatomisez ces vastes brisements, ces élans du blasphème et de la piété, ces étouffantes compressions de l'orgueil et de la grandeur, ce cœur tenu à deux mains, ce cadavre qui va devant lui.

Regardez dans cette âme de poète, si jeune au-dessous de tant de décrépitudes.

Entrez dans cette vie si pleine, ouvrez-vous à ses francs épanchements de chaque jour, fouillez dans ses tendres rêveries, dans ses monstrueuses imaginations ; écoutez ses mille et une fantaisies, ses fraîches réminiscences, et ses cris et ses défaillances refoulés à toute heure.

Recueillez les uniques lamentations qu'ait rejetées le volcan ; vous l'entendrez gémir peut-être plus brutal qu'harmonieux, mais cette brutalité met plus de pittoresque et d'échos dans ses enseignements.

Prenez votre place à ces tables de palissandre et sablez le champagne à plein cristal ; puis retombez sur l'aïs pourri de la taverne, et buvez votre part de ce verre de vin bleu.

Secouez ce frac de la molle et folle élégance, faites-en tomber le parfum et les innombrables rendez-vous de fêtes, de combats et d'amours; étalez dans tous ses replis le haillon de la ferme et sage indigence; analysez ce sang et cette sueur émanés d'une poitrine laborieuse, saisissez et gardez les poignants souvenirs qui s'en échappent.....

Et vous direz que le haillon de cet homme serait une relique plus curieuse, plus riche que bien des robes impériales.

Et lorsqu'il vous adviendra de mettre le pied dans ces galeries qui ont été le domaine, le palais de Chodruc-Duclos, vous donnerez de loin un regard à l'Empereur de la Misère qui s'est brisé dix-sept ans à ce rocher de Sainte-Hélène.

Et votre cœur se serrera de ce que Dieu, en nous dotant chacun ici-bas de notre rayon de soleil, n'ait pas toujours pris assez large la mesure de notre tête.

MÉMOIRES DE CHODRUC-DUCLOS.

CHAPITRE PREMIER.

POURQUOI.

Je publierais bien mes Mémoires; mais si je les publie, il m'arrivera quelques écus, et je serai forcé de renoncer à ma vie de Juif-Errant. Et puis, qu'est-ce que je dirai à ces hommes qui me regardent comme des hébétés parce que je me promène sans cesse, parce que j'ai une longue barbe et des vêtements déguenillés?

On se trompe : l'habit fait le moine; car si j'avais mon pantalon collant de muscadin, mon elbeuf rayonnant, mon chapeau lustré, mes bottes vernies, je n'existerais pas. Si j'étais logé rue de Rivoli ou de Richelieu, hôtel Meurice ou des Princes, je ferais des dettes ici ou là; on me saluerait avec égards. Mais je perche rue Pierre-Lescot, dans un taudis, au cinquième étage, chez un brave homme, chez une espiègle et gentille fillette; je paye un franc par jour, et c'est deux fois trop cher; j'ai mon bout de chandelle coupé en cinq, je glisse le long d'une rampe grasse, je ne parle à personne, je ne réponds jamais que par gestes, et on se demande le soir : « As-tu vu Chodruc-Duclos ? » On fait peur aux enfants avec l'homme à la longue barbe, on leur dit de me fuir... Donc j'existe.

Diogène avait ma vanité: il en avait même davantage, puisqu'il se contentait de remplir un tonneau; moi, j'aspire à le vider.

Mais que deviendront ces morceaux de papiers trouvés pour la plupart dans la rue, et sur lesquels je vais rappeler ma vie et mes pensées?

On a fait une complainte pour le Juif-Errant; on m'en doit une, ou le siècle est à l'ingratitude. Jausion et Bastide ont eu la leur, je veux la mienne : voici des matériaux.

J'écrirai quand je pourrai, parce que je ne suis pas toujours sûr d'avoir de l'encre, du papier, du crayon ou de la sanguine. Quant au temps, il ne me fera jamais défaut; et quoiqu'il marche vite, je crois que je chemine encore plus vite que lui.

Bien des hommes m'ont donné, ceux-ci afin de pouvoir dire : « J'ai donné à Chodruc-Duclos, » ceux-là pour s'assurer si mes mains étaient propres en effet, presque tous parce qu'ils avaient dix ou vingt sous de trop dans une poche.

Quelques petits enfants m'ont donné parce qu'ils avaient peur de moi. L'enfant est plus épouvanté par le silence que par la parole, et je suis plus muet qu'un chartreux.

Grondez un enfant, il boude, il fait la moue; regardez-le avec sévérité sans rien lui dire, il pleure, il tremble, il va se cacher.

Voilà mon premier morceau de papier rempli : cherchons-en un autre.

Le second a servi de cornet de tabac à un priseur qui est sorti de la Civette, je le ramasse sous une chaise du Café de la Régence; j'y poursuis ma phrase commencée.

Je suis de ceux qui peuvent tout dire parce qu'ils ont osé tout faire. Je me flatte : j'ai reculé devant les méchantes actions, et moi seul peut-être j'ai eu à me plaindre de moi.

On dit que j'ai été beau : quelques folles me l'ont prouvé, Dieu les bénisse! Je me souviens d'elles avec amour, avec reconnaissance.

J'avais envie de léguer à une d'elles ce recueil, qui aura aussi son intérêt, car le drame y côtoie souvent la farce ; mais elle n'oserait peut-être pas y toucher de ses jolis doigts parfumés. J'ai changé d'avis.

Debucq est mon ancien camarade; il aura mes papiers, mais qu'en fera-t-il? A peine sait-il lire; et puis il n'a pas de nom, il n'existe que pour moi seul et le marchand de vins.

Mais de là, où iront mes papiers?

Si je les envoyais à Peyronnet!... Le drôle me dirait non, et viendrait danser sur ma tombe, en supposant que j'aie une tombe.... Vanités!

N'y aura-t-il pas un grand enseignement dans mes récits? Qui sait? Il y a tant de manières d'envisager les choses!

Diogène, Socrate, Platon, Alcibiade, Napoléon furent sages et fous tour à tour. Moi, j'ai été sage toute ma vie .. Le pensez-vous?

— Oui.

— Non.

— Peut-être.

— Vous voyez bien que nous ne sommes jamais d'accord.

Deuxième feuille de papier achevée. Je me repose, et pour cela je me mets en course..... Logique de Duclos.

———

Le temps est rude, mes bancs du jardin du Palais-Royal glacés : asseyons-nous. Mon poêle, ce sont les galeries; mon charbon, ma rotation perpétuelle; mes bûches.... les passants qui s'arrêtent pour me regarder.

Je ne mangerai pas aujourd'hui. J'ai dans ma poche une pomme qui sera toute ma nourriture.

Je ne boirai pas de vin non plus, et j'achèterai du papier pour commencer sérieusement mes Mémoires.

Les voici.

J'ai deux crayons, que je ménagerai le plus possible ; et quand mon logeur me fera la gracieuseté d'une écritoire, je poursuivrai.

Cela est bien ; mais Montaigne, je crois, ou Voltaire, ou Montesquieu, ou Locke, ou Pascal, ou Condillac, ou Descartes, ou je ne sais plus qui, a dit ou ont dit que, s'il savait ou savaient, ne pas être lu ou lus, il n'écrirait ou ils n'écriraient pas une ligne. Je suis comme eux, aux habits et aux logements près : je veux aussi qu'on me lise.

Une main généreuse s'est souvent étendue fermée vers la mienne et s'est retirée ouverte. Depuis un service marquant que j'ai reçu de cette personne, je me suis bien promis de ne jamais passer à ses côtés sans lui ôter mon chapeau et lui laisser le haut du pavé. Aujourd'hui je veux faire mieux encore en lui adressant ces feuilles de papier, qui acquerront quelque mérite, du moins par l'affection cordiale qui les aura offertes. L'ami Debucq servira mes volontés en remettant à qui de droit ce triste ou riche cadeau.

Si j'ai de la mémoire pour les ingratitudes, j'en ai davantage pour les bienfaits.

CHAPITRE II.

CHEZ MOI.

Toute une vaste époque finissait quand je commençai la mienne, toute une vieille société craquait lorsque je fus jeté au monde; je poussai mon premier cri de misère dans l'agonie de ce pauvre dix-huitième siècle, dont les dernières heures devaient être si tourmentées! En ce temps-là, il n'était simplement que fatigué, mais le reste allait venir; il était justement arrivé aux trois quarts de sa carrière quand je débutai dans ma route, il était âgé de soixante-quinze ans : moi, le lendemain, je devais être âgé d'un lendemain ; il s'appelait 1775 ; votre très-humble et désobéissant serviteur,

Emile Duclos.

Voilà tout ce qui se passa de remarquable vers le jour où me fut donné le jour, le plus triste et plus chétif cadeau qui m'ait pu être fait de ma vie.

Il y avait déjà de la fièvre dans l'air et partout on s'agitait, on se trémoussait, on se révolutionnait ; les esprits prenaient feu, les discussions politiques roulaient comme des éclairs, le gros temps s'annonçait.

A nous autres gamins on apprenait le maniement des choses publiques avant de nous apprendre à lire, nous ne savions pas encore dire père et mère qu'on nous faisait dire Louis XVI ou révolution ; si l'on eût osé, l'on nous eût fait tenir entre nous, philosophes en herbe, des conférences sociales.

Mais tout en préparant et prévoyant l'énorme gâchis qui devait nécessairement suivre ces salmigondis babéliques, la bruyante explosion qui devait couronner tous ces sourds bourdonnements, il n'était pas convenu qu'on n'essaierait pas du grand tapage universel par de petits tapages particuliers, de même qu'on se forme à la guerre par la petite; il n'était pas convenu qu'on ne préluderait pas au fameux remue-menage du lointain par plus d'un remue-menage actuel.

C'est là ce qui advint chez monsieur et madame Duclos, honorables et riches notaires bordelais qui m'avaient mis au monde. Dès que la politique se faufile par une porte, elle jette aussitôt par la fenêtre la concorde et le calme qu'elle rencontre en entrant. On disait autrefois que deux augures ne pouvaient se rencontrer sans rire, on en dit autant de deux curés aujourd'hui : deux individus se parlant politique ne peuvent se regarder sans avoir envie de se prendre aux cheveux.

Mon père avait son opinion, ma mère avait

son opinion : ils ne s'entendaient pas fort bien auparavant : du moment où les combinaisons diplomatiques vinrent à la mode, ils ne s'entendirent plus du tout.

Moi, j'étais là, sérieux comme Salomon, attentif et solennel comme Louis IX à sa cour plénière, écoutant, jugeant, prononçant. Car on en venait toujours à moi pour trancher le nœud gordien; et comme il arrivait souvent que les deux parties, jalouses d'éclairer ma conscience sur leur bon droit, revenaient m'exposer leurs griefs et me développer leur système avec cette chaleur fervente qu'on met pour la conquête d'un prosélyte, alors mon rôle se faisait moins embarrassant. Ma délibération était l'affaire d'une seconde au plus, je donnais invariablement raison au dernier préopinant.

D'ordinaire, je n'y comprenais rien ; et, lorsque je comprenais, je comprenais bien moins; je n'avais nul scrupule, je vous assure, d'embrasser les doctrines de l'un après avoir exalté les doctrines de l'autre. Ma cervelle n'était pas seulement jeune, elle était faible et malléable de sa nature; je n'avais nulle fixité dans les idées, nulle fermeté dans les principes.....

Je me suis corrigé.

Quant aux autres travers de mon organisation, il était assez difficile qu'ils fussent redressés : les théories et les soins publics absorbaient trop complétement notre intérieur. Mon père était cent fois trop heureux pour s'occuper de rien autre, lorsqu'il voyait ses croyances triompher à la barre de M. Emile Duclos, ce grand homme politique! Mais il fallait, par-dessus tout, être témoin des jubilations de ma mère lorsque, revenant à la charge, elle essayait à son tour de renverser le dernier avantage de l'ennemi, et qu'elle s'en retournait fière, épanouie, emportant comme trophée un cœur de plus à sa cause! Les deux athlètes étaient également armés de conviction et de fanatisme : toutefois, je dois avouer que ma mère y mettait encore plus d'acharnement peut-être : c'était cette impulsion batailleuse, cette effervescence d'escarmouches, cette âcreté à la domination, cette coquetterie d'inspirer et de vaincre, que j'ai retrouvées depuis dans toutes les sphères du sexe d'Eve.

Un jour, entre autres, je tenais séance en ma cour suprême; les deux camps étaient en présence; et chacun de s'exclamer, de se morfondre, s'escrimer et se perdre à qui mieux mieux dans ces Thermopyles étroites et infimes, sans air et sans Léonidas, que vous êtes convenus d'appeler de la politique. Lorsqu'ils eurent bien cicéronisé, bien démosthénisé; lorsqu'ils eurent bien gaspillé logique, faconde et poumons, j'essayai à mon tour de mon pauvre talent de persuasion pour ramener leur tête et leur âme dans un même cercle de sentiments.... Je cherchai à leur faire croire qu'ils n'étaient pas déjà si loin de s'entendre qu'ils voulaient bien se l'imaginer; je donnai gain de cause à tous les deux... Ce fut de l'huile sur des tisons. Ni l'un ni l'autre ne voulait plus l'emporter, ni l'un ni l'autre ne voulait plus avoir raison, ou du moins il tenait à être convaincu en bonne métaphysique : et le moyen, je vous le demande, en argumentant de pareilles matières! Bref, j'avais cru éteindre le feu de la lutte, et il s'alluma, s'alluma de telle façon que les tempes ruisselaient, que les visages s'incendiaient.... J'eus peur un instant, je l'avoue, de voir se vider le débat comme s'éclaircissent d'ailleurs tous les débats de diplomatie : par la raison du plus fort...

Il n'en fut rien encore : j'intercédai; mon père, le plus prudent, le plus réservé des deux champions, prit le parti de céder le terrain et de faire retraite par la porte de gauche; ma mère, d'autant plus tenace et glorieuse, demeura un instant comme pour étaler sa flatteuse satisfaction d'avoir conquis le champ de bataille; puis elle s'éloigna par la porte de droite.

Les deux antagonistes s'étaient dispersés à travers l'appartement.

Bien que des problèmes si ardus fussent, pour une intelligence jeune comme la mienne, autant de cimes impossibles à escalader, j'aimais à essayer pourtant : au risque de m'y briser, je prétendais heurter le front contre tout ce qui se dressait inexpugnable, contre tout ce qui semblait faire tomber un défi sur la précocité de mes audaces.

Aussi dès que mes harangueurs n'étaient plus là, me prenais-je à remonter la chaîne des théories, à en peser, mesurer et relier chaque anneau; j'étais curieux de savoir si avec tout cela il était possible de créer une symétrie complète, harmonieuse et ferme. Hélas! hélas! que de fatigues dépensées à rien!

Ce jour-là, comme à l'ordinaire, j'étais donc resté seul à m'enfermer dans mes longues et hardies méditations, fouillant bien au fond de ma mémoire, plongeant bien au-delà de moi. Ma tête appuyée dans mes mains, je pensais...

Une porte s'ouvrit — celle par où ma mère avait disparu cinq minutes auparavant — c'était mon père avec son bonnet de soie noire et sa robe de chambre, revenant tout exprès de son cabinet de travail. — Pourquoi? Devinez? — pour m'apporter, à l'appui de ses opinions, copie du dernier décret royal, qu'il qualifiait assez hautement de liberticide.

A cette épithète peu révérencieuse, se précipite par la porte qui avait aidé la désertion de mon père dans la dernière controverse, ma mère furieuse, haletante, ne se possédant plus qu'à peine. Elle n'avait saisi que les dernières syllabes prononcées par mon père, et, croyant entendre le mot le plus horrible et le plus sacrilége pour elle de tous les vocabulaires du monde, elle s'était élancée comme une lionne :

— Régicide! régicide! s'écria-t-elle, qui parle de régicide?

Je tentai de la calmer, mais vainement; par un reste de bouderie et aussi parce qu'il ne voulait pas descendre à une justification, mon père fit un signe de dédain, et dès lors toute ressource pour rétablir l'ordre menacé de nouveau fut définitivement perdue. Je ne pus parvenir à convaincre de leur méprise les oreilles quelque peu *entêtées* de ma mère; la discussion ne manqua point de prétextes d'ailleurs pour se ranimer dans son intensité la plus vive. L'exaspération, cette fois, fut poussée à un tel paroxysme qu'il fut conclu à l'unanimité, moins ma voix, que toute chicane partielle serait prévue et brisée désormais par le glaive sacré de la justice. Ma mère avait son châle et son chapeau dont elle s'était vêtue, pour sortir au moment où elle avait entendu l'expression fatale : elle s'écria qu'elle courait de ce pas à l'interposition des lois, parce qu'elle ne consentirait jamais à laisser corrompre son fils par de si monstrueux principes; qu'il était urgent que le droit vînt au secours de la mère alarmée, de l'épouse en luttes perpétuelles. Mon père n'eut pas le temps de répondre qu'il donnait toute approbation à cette démarche solennelle; qu'il lui en avait assez coûté, du reste, de souffrir par le voisinage d'aussi disgracieuses extravagances.... et mille autres anti-galanteries que vous n'avez pas besoin de savoir, et que ma mère n'écouta pas : elle avait déjà glissé comme un trait.

A quelques jours de là, un jugement déclarait monsieur et madame Duclos séparés de corps et de biens.

Moi j'étais comme le pauvre petit oiseau qui ne sait plus où poser son aile tremblotante, depuis que son nid est tombé.

CHAPITRE III.

CHEZ LE CURÉ.

Me voilà donc, par suite de ce divorce, contraint de divorcer moi-même avec les plaisirs de ma ville natale; car, prenant la route du village de La Réole, j'y arrivai bientôt, confié par mon père aux soins éclairés d'un oncle, curé du lieu.

La Réole! En traçant ce nom, un douloureux souvenir me brise l'âme. Là sont nés le même jour, à la même heure, deux hommes d'énergie. Enrôlés le même jour, ils furent faits officiers le même jour, décorés le **même** jour..... fusillés le même jour !

Des balles françaises tuèrent ces deux Français, purs selon moi de tout crime, purs de trahison; et tandis que Bordeaux entier leur refusait un défenseur, tandis que sur la route qu'ils parcouraient pour arriver au lieu de l'exécution, les dames en signal de fête criaient : « Vive le roi ! » et agitaient joyeusement leurs mouchoirs sur les deux martyrs; ces braves soldats, bras dessus bras dessous, calmes, dévoués, marchaient à pas lents et causaient de leur pieuse, de leur sainte amitié :

— Tu as peur? dit celui, je crois, que l'on appelait l'aîné.

— Oui, pour toi seul, mon frère.

— Prends garde qu'ils ne suspectent ton courage.

— Sois tranquille, frère, quand je commanderai le feu, ils reconnaîtront que ma voix ne tremble point à l'heure suprême.

Quelques moments plus tard, deux cadavres étroitement serrés gisaient à terre et..... Bordeaux était dans la joie!!

Je vins, moi tout bambin, tout novice, tout guilleret, chez mon bon oncle, qui me traita en enfant gâté.

S'il est vrai que les hommes se dessinent dès leur premier pas dans la vie avec les penchants qui doivent plus tard les compléter, je suis né avec une bosse au front, une égratignure à la joue, une aiguille à la main et une piqûre au cœur.

S'il est vrai que chaque nature de l'être achevé soit le reflet du poupon au maillot, je suis certain d'avoir mordu le sein de ma nourrice, d'avoir fait du feu de ma bercelonnette, haché mes chariots et saupoudré de boue mes petits camarades.

Eh bien! il paraît que j'ai donné un démenti énergique à cet ordre de choses rêvé par nos philosophes, et que jusqu'à l'âge de quatre ou cinq ans je fus un véritable mérinos que tout le monde pinçait, tiraillait, barbouillait de confitures, sans s'inquiéter de ses cris ou de ses prières. Mes premières défenses ont été des larmes....

J'ai un peu changé depuis.

Plus tard, comme j'étais d'une beauté remarquable, on me bonbonnait dans le voisinage à qui mieux mieux, et, si j'en crois mes plus vieux souvenirs, je n'aimais que les tartines beurrées et les sucreries....

J'ai un peu changé depuis.

Avec la taille arriva une réaction totale. Mon caractère si facile, si plein de paisible mansuétude, se revêtit tout à coup d'une obstination telle que ma mère trembla en face de ces funestes développements.

C'était mal répondre à l'infatigable tendresse de ma mère que ces perpétuelles mutineries d'un enfant pour l'avenir duquel son cœur s'alarmait si fort. Je l'aimais, moi, d'un saint amour filial : si quelqu'un l'avait attristée, je serais devenu lion pour la défendre; si ses yeux se baignaient de larmes, mon cœur s'ouvrait au repentir; et cependant chaque jour une nouvelle leçon d'obéissance à donner, une nouvelle indocilité à subir. On disait que du vitriol coulait dans mes veines, je crois que c'était du bitume.

Impatienté de la nonchalance d'une servante qui ne m'apportait pas assez promptement une assiette que je lui avais demandée, je la jetai sur le carreau et la brisai en éclats; — je ne parle pas de la servante.

— Mauvais sujet! me dit ma mère, vous ne dînerez pas aujourd'hui.

— Eh bien! moi, je ne veux plus dîner jamais.

Et me levant de table, je cours, j'ouvre la porte et me précipite par l'escalier la tête la première. En deux bonds je franchis quarante-trois marches, et je me trouve au bas des degrés tout aussi solide sur mes jarrets.

Quarante-trois marches ! autant que j'ai fait de fois le tour du Palais-Royal sans m'arrêter. Cette marche écrasante avait été résolue par moi comme une expiation de cet ancien et triste souvenir : le malheur est superstitieux.

Pendant mes études au presbytère, je croyais respirer dans une prison, et Dieu sait combien de fois je fis tomber le bon curé par des crocs-en-jambe et des billes jetées sur le parquet de son appartement. Dieu sait aussi combien de torgnoles je reçus pendant ces douces années de la vie de pédagogue et de souffre-douleur !

Je ne résiste pas en traçant ces notes, qui deviendront ce qu'il plaira au destin, je ne résiste pas, dis-je, au besoin de raconter une petite espièglerie dont j'invite les bambins mécontents à profiter au gré de leurs rancunes.

Mon brave homme de curé, mon cher petit oncle, m'aimait beaucoup sans doute; car il me mettait au pain sec deux ou trois fois par semaine. Moi, blessé de sa tendresse, je mûrissais dans ma tête un plan de vengeance qui réussit selon mes souhaits.

À la qualité de prédicateur mon oncle ajoutait celle de médecin; et il trouvait fort logique de guérir le corps, puisqu'il sauvait l'âme.

Or, à côté de ses chasubles, de ses étoles, de ses vases sacrés, de ses sonnettes, il tenait enfermées dans une armoire des fioles dont je connaissais la propriété à force de les lui donner et d'écrire sous sa dictée des ordonnances.

Un jour que la grand'messe allait se dire avec une certaine pompe, je résolus d'exécuter la ruse que j'avais méditée. Je m'armai de courage, bien décidé à prendre la fuite si la colère de l'indignation devait s'exercer sur moi avec trop de rigueur.

Je jetai donc dans la burette une drogue

qui devait forcer mon oncle à déserter l'église dans un temps donné ; puis je doublai la dose, pour que l'opération eût lieu presque immédiatement...

Hélas! je fus presque assassin quand je ne voulais être que Purgon... Les coliques se mirent de la partie; le prêtre quitta l'autel avec des gémissements lamentables, et force fut aux fidèles de se contenter, pour ce dimanche, de la moitié au plus de l'office divin.

Le curé jura — je vous jure qu'il jura — il pesta, menaça, frappa le mauvais larron; il allait même le renvoyer auprès de sa mère; mais mon temps d'épreuves n'était pas accompli, quelques années devaient encore me garder à La Réole; et quand j'abandonnai le petit village aux rues si sales, aux habitants si pleins d'aménité, je m'aperçus que l'enfant était devenu homme...

Pourquoi ne suis-je pas toujours resté enfant?

Je recevais de mon oncle des leçons de morale que mon esprit recueillait avec avidité, je méditais la vie du presbytère, et peu s'en fallut que je ne songeasse sérieusement à m'enrôler dans les ordres. Mais voyez la destinée!

Aux dévotes mortifications du curé s'opposaient de temps à autre des leçons plus mondaines, et je ne sais si le démon avait pris le langage d'une toute gracieuse cousine que mon oncle guidait dans la vie; mais ce qu'il y a de certain, c'est qu'un de ces anges rêvés par l'Albane et Raphaël lui avait prêté ses formes, ses grâces et son sourire. Comme je n'ai jamais entendu parler les anges, j'ignore si la ressemblance est parfaite; mais j'aime à le penser pour l'honneur des phalanges célestes.

Quoi qu'il en soit, ange ou démon, la ravissante Amélie m'apprit la première que j'avais une âme, je n'avais fait que le soupçonner aux sermons du curé. Dès que ce saint amour des béatitudes d'en haut m'embrasait, l'amour plus profane pour les terrestres créatures remplaçait la flamme divine, et je ne me sentais plus la force de convoiter les biens promis par l'Église aux vrais croyants, dès qu'Amélie me versait les joies d'ici-bas.

Pauvre enfant dont l'image m'a si souvent poursuivi dans mes songes, qu'es-tu devenue ?

Et toi aussi, qu'es-tu devenue, grosse Marianne qui connais si bien les mystères de cette vie de mortifications, et auxquels tu voulais m'initier ?

Ce que vous êtes devenues toutes deux, le voici sans doute :

Toi, Marianne, tu auras été indignement trompée par quelque bénêt de mari que tu te seras donné.

Toi, Amélie, tu auras trompé quelque mari joufflu qu'on t'aura forcée de prendre.

Chacune d'elles aura rempli sa mission.

Que le ciel les protège !

CHAPITRE IV.

AUX ARMES!

Cependant le curé prêchait mondainement la stabilité des choses politiques agitant alors l'Europe en armes. Je prenais goût à ces leçons, qui allaient à mon jeune courage; mais ma mère, qui ne rêvait que le rétablissement de la famille royale exilée, eut assez de crédit pour me rappeler auprès d'elle; et là-bas de chaudes conversations, des prédications de chaque soir. Toutes mes idées de gloire furent bouleversées. Les trois couleurs n'étaient plus que le signal de l'insurrection, le drapeau blanc seul devait m'ouvrir *la route de l'honneur*, et il y avait impiété à tout bon Français de ne pas s'armer, se battre pour ce symbole de l'innocence et de la fidélité.... Que d'impies en France à cette époque!..

Un cri sinistre pour les uns, heureusement prophétique pour les autres, retentit bientôt et vint réveiller le zèle des royalistes bordelais.... Lyon était en pleine révolte, l'autorité du roi reconnue, et les armées républicaines allaient à marches forcées combattre les Blancs.

— Là est ton poste, me dit ma mère avec enthousiasme; là est la place de quiconque aime son pays et son roi; là doit se rendre tout adolescent riche d'un cœur et d'une patrie. Pars, mon enfant; voici des armes, et reçois pour adieu les paroles que chaque Lacédémonienne adressait à son fils.

« Reviens avec ou dessus. »

Le curé, Amélie et Marianne sont oubliés; je pars à la voix de ma mère, à celle de mon ambition et de mon royalisme, et je me présente à mes frères d'armes de la seconde ville du royaume.

———

Les orages se levaient terribles sur Lyon; il y avait un soulèvement sérieux contre les commissaires de la Convention; puis la commune et le club central du Piémontais Chalier cherchaient à dresser dans la ville un de ces fameux tribunaux révolutionnaires, dont partout les degrés nageaient alors dans le sang. Les sections en armes s'apprêtaient menaçantes; les autorités nouvelles promenaient sur les places publiques une charmante guillotine, cadeau venu tout exprès de Paris pour être exposé aux regards publics et faire peur aux aristocrates.

Moi, je n'étais pas tout à fait un aristocrate, mais je me révoltais en face d'aussi peu insinuantes exhortations. Lyon en faisait autant que moi : j'eus foi en Lyon ; j'espérai de nous voir vraiment dignes l'un de l'autre ; je bondis en songeant qu'une large pâture enfin allait être donnée à cette jeune âme si ardente, si affamée de gloire.

Je remercie Dieu, je remercie Lyon, je remercie ma mère, lui donne mon baiser de bon fils et de bon citoyen, lui jure sur la tombe de mon pauvre père de n'y revenir déposer mon sabre qu'après en avoir richement ruiné la lame; je me retourne une dernière fois vers ce seuil trop paisible où je ne retrouve qu'un berceau, pas une branche de laurier. Les yeux, le cœur jetés en avant, je cours comme un illuminé.

L'étincelle partie des murs de Lyon, — ce foyer d'héroïsme, — cette étincelle venue à moi, c'est mon étoile qui se lève.

Il faut la saluer en soldat, et les cieux et la terre la béniront peut-être!.. Peut-être!

CHAPITRE V.

BOURIVARI.

Le général Précy passait en ce moment une grande revue et distribuait des récompenses aux braves qui s'étaient distingués dans les dernières affaires. Le cri de *vive le roi!* venait de retentir; je franchis la foule, j'arrive auprès du général.

— Que me voulez-vous? fit-il en jetant un regard de satisfaction sur ma tournure et ma figure martiale.

— Vos éloges de demain.

— Les mériterez-vous?

— J'en suis sûr, s'il y a péril à braver.

— Et moi j'en suis sûr aussi, volontaire.

— Merci, général.

— D'où venez-vous?

— De Bordeaux.

— Ville fidèle.

— Eh! eh! du blanc et du bleu.

— Prenez votre rang, nous nous verrons demain.

Fatuité si vous le voulez; peu m'importe, j'écris ma vie.

Les Bleus nous cernaient, et ils avaient clandestinement, la nuit, fait afficher et distribuer dans toute la ville cette terrible sentence :

« Lyon est aboli.

» Lyon portera désormais le nom de Commune-Affranchie. »

Sur la place Belcourt, on m'avait déjà vu lacérer ces placards séditieux; et monté sur un banc, je m'écriai :

— Quiconque n'arrachera pas de toute muraille ces deux lignes impies, sera déclaré traître à son pays et à son roi.

Mon exaltation eut du retentissement : j'étais cité partout comme un homme de rare énergie, et je devais le lendemain de ma philippique donner un éclatant exemple de mon sang-froid et de ma résolution.

Nous avions un poste de Blancs établi de l'autre côté du Rhône qui avait grossi considérablement la nuit précédente; et les ponts à l'aide desquels nous avions communiqué jusque-là se trouvaient occupés.

Cependant il devenait urgent de faire savoir à nos armées la situation de la ville, et un bateau eût trop fixé l'attention des Républicains.

— On voit moins un homme qu'une barque, m'écriai-je ; à moi une boîte bien fermée qui contiendra les dépêches. A bas mes habits et vive le roi !

Le courant m'entraîna fort loin. Je craignis d'avoir trop auguré de mon adresse et de mes forces ; mais je fis tant d'efforts, je luttai avec tant d'ardeur que j'atteignis enfin l'autre rive et que les dépêches me furent remises.

Le retour s'effectua de la même manière, et quoique je nageasse souvent au milieu d'un réseau de balles ennemies, je rentrai dans la ville, où je ne rencontrai que des admirateurs et des amis.

Quelques heures après les Républicains vainqueurs m'enfermaient dans un corps-de-garde.

———

J'étais pris, bien pris, trop pris ; car on m'avait remarqué dans la mêlée, et il y avait à parier mille contre un que je serais fusillé le lendemain. J'écrivis quelques mots à l'aide de mon aiguillette dont je me servais comme d'une épingle, et les lettres piquées sur du papier disaient un douloureux et patriotique adieu à ma mère.

Le capitaine du poste entre :

— Il est défendu d'écrire, me dit-il d'une voix sévère. Donnez-moi ce papier.

— J'écrivais à ma mère.

— Pourquoi cela?

— Pour un dernier adieu.

— On ne fait pas ses adieux à ceux que l'on va revoir.

— Que dites-vous?

— Silence.

— Est-ce un piége?

— Le pensez-vous?

Et le brave se posa devant moi, plongeant son regard dans le mien.

— Je vous crois, lui répondis-je, la loyauté seule a ce caractère digne et noble.

— Je suis pourtant un Bleu.

— Il y a des braves gens partout.

— Même chez les Blancs.

— Bien répliqué. Mais à qui dois-je cette espérance?

— A un beau minois, à une grande dame qui vous a vu et qui ne veut pas que vous soyez fusillé.

— Ah! ma reconnaissance.....

— Paix! Voyons, depêchez-vous et suivez-moi.

Un costume de capitaine des Bleus tombe presque à mes pieds; le brave s'en va donner quelques ordres, et peu d'instants après il rentre au corps-de-garde en me disant:

— Allons, allons, Dupré, en route: l'ennemi semble vouloir nous laisser le champ libre.

Je me mis en route pour Bordeaux; car je ne pouvais m'exposer à faire feu sur celui à qui je devais si miraculeusement la vie.

CHAPITRE VI.

DÉMANGEAISON.

Nous avions alors à Bordeaux une séquelle de prétendus grands hommes singeant les Brutus, les Cincinnatus, et se croyant le droit de tout oser parce qu'ils prenaient le droit de tout dire; tas de caniches qui passaient leur vie à mordre les talons, voilà tout; et qui se figuraient véritablement avoir mine de quelque chose parce qu'ils s'étaient grimpés jusqu'à l'insolence. De ma nature, j'aime fort peu ces perturbateurs postiches qui font du tapage uniquement pour faire quelque bruit dans le monde, se dressent sur leurs jarrets étiques, mais ne marchent sur le pied de personne ; et cassent les assiettes, mais ne cassent de têtes qu'aux poupées ou aux complaisants qui les écoutent. Par goût et par expérience, j'aimais d'autant moins ceux qui nous turlupinaient là-bas, qu'ils s'égosillaient infiniment plus hargneux après un jupon qu'après un frac. Il fallait voir les transes de nos bons et naïfs négociants lorsqu'une pratique les retenait au comptoir, et qu'il fallait laisser sortir seule madame la négociante. C'est qu'en vérité il y avait de quoi hérisser la pointe d'un bonnet de coton : la jeunesse risquait certaines allures un peu trop épanouies, qu'elle appelait des histoires de rire, et qui ne faisaient pas rire du tout les susceptibilités conjugales. Ce n'était pas tant, mon Dieu ! l'envie de jeter le déshonneur dans les ménages, que le besoin d'y répandre un peu de salpêtre des deux côtés : on faisait plus de peur que de mal, on s'occupait bien plus à faire monter le rouge au front des femmes que les.... rides au front des maris ; on s'occupait bien plus à échauffer les oreilles de cet animal inoffensif, qu'à lui bassiner son lit. Vous voyez que dans tous les temps le métier de mari n'a pas été une sinécure. J'avoue que je n'ai jamais senti grande nécessité de me classer au nombre de ces êtres infortunés, mais je mentirais si je disais qu'il ne m'en vint pas une sorte de velléité à cette époque. Pourquoi? vous le devinez : la main me démangeait. Je ne sais pas d'où vient cela, mais cet état physique m'était habituel, et j'avais fini assez vite par comprendre pourquoi les badauds se trouvaient si heureux de dire, lorsqu'ils me voyaient passer donnant le bras à madame Latapie, la directrice du Grand-Théâtre : — Ah! voici La Tape et Latapie. J'en confirmai quelques demi-douzaines pour les remercier de m'avoir baptisé, pour me rendre digne de ce titre, pour leur apprendre surtout à ne pas m'ôter du moins celui si modeste de *monsieur*, et à vouloir bien prononcer *madame Latapie* tout au long, si cela ne les fatiguait pas trop. Un marmot ayant un jour répondu, en se tenant la joue, que je pouvais bien espérer cette concession quant à madame, mais que pour moi il n'y fallait pas songer; je m'étonnai fort de cet entêtement après les argumentations si frappantes que j'avais fait valoir. Toutefois, je crus devoir lui adresser mes compliments sur sa galanterie et ne pas négliger pour cela mon brusque interrogatoire pour ce qui m'était personnel. Cette transition imprévue se trouvait accompagnée de certaines promesses peu caressantes, que j'aurais tenues à coup sûr s'il avait fallu se résigner à une guerre déclarée; mais je me tins pour complétement désarmé par la réplique de mon adversaire, qui ajouta d'un ton piteux à fendre le cœur :

— Mais, pour Dieu, comment oser persister dans une pareille tyrannie? Je vous demande s'il est possible, pour qui tient à parler sa langue, de prononcer monsieur Latape? Latape n'est-il pas du genre féminin? Vous appeler madame Latape serait vous compter pour une femme et vous faire une bien autre injure; le plus sage n'est-il pas d'adopter, en fait de sexe, le sexe neutre?

Je demeurai convaincu, et j'eus presque remords d'avoir corrigé un puriste si profondément attaché à sa langue nationale.

Toujours est-il, à propos de madame Latapie, que depuis quelque temps nous nous rendions des visites moins fréquentes par suite de petites querelles que je ne veux pas m'amuser à vous raconter, parce qu'elles n'en valent pas la peine. Il me prenait mille fois par jour la fantaisie d'un raccommodement, pour le but unique — il faut bien l'avouer — de me heurter double aux fameux crânes qui mettaient Bordeaux en émoi. Je cherchais par tous les moyens à leur faire beau jeu, à leur fournir matière pour l'initiative. Puisque les capons, — je disais crânes tout à l'heure; mais cela m'est égal, je sais ce que je veux dire, c'est tout ce qu'il faut — puisque les crânes-capons s'en prenaient si bien et si impitoyâblement au plus beau, mais au plus faible des sexes, j'étais curieux de savoir si, par hasard, ils ne feraient point exception à la règle commune en faveur du *Superbe*, ou s'ils oseraient se frotter à une robe quand cette robe pendrait à mon bras. Toutefois, je finis, selon ma chère habitude, par faire plier mon cœur aux caprices de ma mauvaise tête; je ne voulus point revenir le premier au-devant des bonnes grâces de madame Latapie, et je résolus de demeurer en grande cérémonie en elle; mais je me gardai bien — tant s'en faut — de renoncer aux leçons que je tenais à donner.

Je n'étais pas non plus en fort bonne intelligence avec ma mère, excellente femme quant au cœur, j'en suis sûr; mais d'un caractère criard et non moins entêté peut-être que celui de son fils — certes ce n'est pas peu dire. Donc, point d'amie, point de mère, encore moins de sœur — par ce motif assez plausible que j'étais enfant unique,—personne à choisir pour compagne de mes entrées en expédition. Mon désir de châtier l'impertinence n'allait pas jusqu'à m'inspirer l'envie du *conjungo* tout exprès pour trouver occasion favorable. Si l'on eût pu se marier pour quelques jours, se démarier après, je ne dis pas. Cela était difficile : je cherchai pourtant, quitte à me passer de prêtre et de municipalité. Ma foi, l'événement ne s'arrangea pas trop mal : l'heure de donner ma leçon de civilité aux incivils sonna presque en même temps que l'heure de mon mariage provisoire : vous allez juger si un bonheur est jamais venu sans un autre.

J'avais conservé quelques priviléges de mon intimité avec madame la directrice. Si je n'usais plus aussi fréquemment de mes entrées libres dans son boudoir, je ne me faisais pas faute de celles de son théâtre ; c'eût été m'enlever mon plus beau champ de bataille, c'eût été m'arracher mes épaulettes; et je dois cette justice à madame Latapie, qu'elle me procura des occasions plus fréquentes encore de m'en aller occuper mon poste glorieux. Était-ce un doux souvenir du passé, ou par orgueil personnel pour que mon étoile ne s'obscurcît pas? Était-ce par élan d'une précieuse tendresse d'âme? Elle m'envoyait tous les jours deux ou trois stalles pour mes amis et une ou deux loges à chaque représentation solennelle. Cette ravissante délicatesse, qui ne se lassait devant aucun refus, qui redoublait au contraire dans les jours de brouille où elle eût pu s'arrêter avec pleine justice, ce procédé généreux et digne d'un cœur de femme— car la femme est extrême en tout — m'est resté présent à la mémoire, comme un de ces bons et chers souvenirs dans lesquels on aime à se retremper de loin, alors que l'égoïsme seul environne notre existence et que les désespoirs la rongent au dedans.

Ce soir-là j'étais dans le corridor des premières galeries et je causais bras dessus bras dessous avec un de nos meilleurs lurons, le jeune Ducellier. Je lui parlais de ces nouveaux mirliflores qui s'étaient élevés depuis quelque temps comme pour nous damer le pion; je lui exprimais mon grand désir de tâter un de ces valeureux avec la pointe de mon fleuret pour savoir s'ils étaient aussi gros qu'ils faisaient de bruit. Mon camarade, qui était aussi, lui, dans les plus louables et les moins patientes dispositions du monde, s'offrit chaleureusement à me seconder.

— Laisse-moi faire, lui disais-je, travaillons chacun de notre côté, cela vaut mieux pour qui n'est pas manchot : il s'agit pour le moment de se tailler de la besogne, voilà tout, et ce sera bien le diable si la soirée se passe sans esclandre. Je me rouille, mon cher Félix, et j'ai besoin de me refaire.

— Tu sais si tu peux compter sur moi.

— Je compte beaucoup sur toi, immensément sur moi ; mais ne te mets pas en peine, il y a aujourd'hui représentation extraordinaire, les matamores nous arriveront sous le lustre comme les lézards vont au soleil ; je piquerai dans la masse, et je serai bien malheureux si je n'écorche pas l'écaille de quelques-uns.

— J'ai appris au café du Commerce que les loges 42 et 44 étaient retenues par la bande jacobine, les Rivaille, les Drault, les Aubin, les Clément et compagnie.

— Allons donc! je savais bien que cela viendrait! Eh bien! je ne suis pas fâché de ta nouvelle, et je m'installe, moi....

— A la loge 40 ou 46?

— Mieux que cela : dans le couloir, jusqu'à la fin du spectacle. Ces beaux messieurs lèvent le nez trop haut; ils commencent à me fatiguer : je prendrai de l'œil la mesure du plus grand, et au sortir de sa loge il faudra bien qu'il passe devant moi; comme il ne sera pas assez poli pour saluer les gens qu'il ne connaît pas, je lui prendrai son chapeau et je me divertirai à le lui envoyer chercher au parterre.

— Ce sera drôle!

— Dans tous les cas, plus amusant que les comédies qu'on doit nous servir : je les sais par cœur, et je me fais une joie d'avance d'y assister d'assez près pour n'en rien entendre.

— Ainsi, nous aurons l'avantage de voir deux spectacles dans une même soirée.

— On ne joue pas de drame, il en fallait bien un petit : pour premier personnage autant vaut moi qu'un autre.

— Mieux vaut toi que tous les autres.

— Je ne te ferai pas mentir.

— Je m'en rapporte à toi. Mais en attendant je me sauve, car la toile va se lever; voici qu'on frappe les trois coups.

— Moi, je reste pour frapper ceux de la seconde pièce.

Nous nous donnâmes une poignée de main et nous dîmes · — A bientôt.

Demeuré seul, je rêvais à mes plans stratégiques, lorsqu'une dame vint à passer rapidement auprès de moi. La toile se levait.

Cette dame était belle, âgée de vingt-huit ans environ, et elle menait par la main une fort jolie enfant.

Je jetai un coup d'œil admirateur sur la jeune dame qui ralentit la célérité de sa marche pour daigner me répondre avec ses grands yeux, mille fois plus brillants que les mille flambeaux de la salle. Était-ce chez moi présomption, était-ce de sa part une simple balle renvoyée sans dessein ; ce qu'il y a de bien sûr, c'est que je reçus d'elle un regard velouté si doux, mais si doux, que je sentis mon cœur se fondre, et que toutes mes volontés guerroyantes se perdirent dans cet abîme de paix suave et de tendres limpidités. Le langage des paupières parle plus haut que celui de la voix ; quand on a échangé le premier, il est rare que le second ne prenne pas son tour. Je ne connaissais pas cette fraîche silhouette, je la rencontrais pour la première fois de la vie, et je ne sais pourquoi je ne pouvais supporter la pensée que cette fois serait la dernière. Il y avait en cela plus qu'un pressentiment de l'imagination, il y avait une transe du cœur ; et lorsqu'on est dans l'anxiété, on penche bien de préférence pour le revers heureux de la médaille, parce que du moins, si l'on n'arrive pas au bonheur, on aura passé par l'espoir qui en est l'essence.

Ne me dites point que l'esprit n'est pas une seconde vue; ne me dites point que l'éclair d'un premier regard ne suffit pas à brûler toute une âme; car je vous répondrais que je lisais dans l'avenir des soleils communs à cette tête et à la mienne, que je sentais dans le présent une chaîne intérieure qui ne me permettait déjà plus de me détacher absolument de cette existence inconnue. Je m'intéressais à elle comme si la moitié m'en eût été due, et j'aurais donné tout, excepté cette fortune, pour que vous, ou vous, le premier venu, n'importe, y trouvassiez à redire.

Je suivais du cœur ma Sirène, furetais partout pour voir s'il n'arriverait pas par derrière quelque mari ou quelque amant, à qui chercher noise pour sa trop grande richesse en possédant un pareil trésor. Je tressaillis de regret et de contentement quand je reconnus que ma fée venait seule avec le petit ange dont elle était le bon génie.

Bouleversé par la charmante apparition, je la laissai fuir sans oser faire un seul pas sur ses traces. Je me sentais tout tremblant d'une pieuse et douce émotion, moi si farouche, si intraitable dans mes cauchemars de tout à l'heure.

Elle avait fait quelques pas seulement, lorsque je la vis s'approcher d'une ouvreuse et lui remettre un coupon. L'ouvreuse parut embarrassée, examina longuement le papier : cette hésitation m'irritait, et je me mettais en marche pour dépolir le verre des lunettes de la vieille indocile, quand elle voulut bien se déterminer d'elle-même à caser ma protégée. J'aurais mieux aimé qu'elle se pressât moins, pour la presser davantage, et pour me donner le plaisir de faire son métier avec les deux clefs de mes bottes.

Cependant la porte s'ouvrit : le cerbère féminin se pencha d'abord en avant quelques minutes; la dame et l'enfant se tinrent en arrière, et un instant après l'ouvreuse se retourna, faisant à la dame comme un signe de regret qui ne me plut pas du tout. La jeune femme, à son tour, se présenta sur le seuil;

et pendant que je m'approchais pour étudier la fin de ces longs préambules, un organe plein d'harmonie vibra jusqu'à mes oreilles :

— Auriez-vous, disait-il, la bonté de me faire place ?

— Ah! ah! pensai-je, il paraît que là-dedans on est plus attentif à une mauvaise pièce qu'aux règles de la courtoisie : quelque belle dame sans doute qui a peur de chiffonner sa pelisse contre celle de mon inconnue. Voyons, voyons un peu qui se permet de faire tant la renchérie!

— Messieurs! Messieurs! reprenait la voix flûtée.

— Oh! oh! repensai-je en arrivant tout près, ce sont des mâles qui se font tirer l'oreille si long-temps! Diable! mais la galanterie française ne m'a pas l'air d'être le fort de ces amateurs-là!

— Enfin, messieurs, leur continuait-on, je vous renouvelle mes instances. Messieurs, je vous en prie...

— Nous ne savons pas ce que c'est que des *messieurs*, interrompit brusquement l'un d'eux. Donne-toi la peine de dire *citoyens*, et nous te ferons l'honneur de t'écouter peut-être.

— Les grossiers et les lâches! m'écriai-je de manière à être entendu des Quinquonces.

— Eh bien! citoyens, répliqua la petite voix qui se faisait presque forte par l'indignation, citoyens, veuillez céder votre banc à ma fille et à moi.

— Rien que cela? répondit un des rustres qui n'avait pas encore parlé.

— Oui, rien que cela, et il me semble que tout galant homme qui se respecte ne devrait pas se le laisser répéter.

— Tu as, ma foi, raison, citoyenne; et c'est pour cela que tu feras bien de couper court à tes maladroites remontrances.

— Je n'ai plus qu'une chose à vous dire :

c'est que j'ai payé ce coupon pour mon enfant et pour moi, je tiens à l'utiliser.

— Qu'est-ce que cela nous fait?

Et les trois insolents se retournèrent en riant vers la scène.

CHAPITRE VII.

GARE DESSOUS!

Pendant tout ce dialogue, mes artères avaient fait carillon : je voulais savoir jusqu'où ces chenapans étaient capables de porter l'oserie; et, je dois l'avouer, l'événement surpassa mon attente. Je n'y tenais plus, et, tandis que je m'écartais pour laisser passer la dame et sa fille qui se retiraient en désespoir de cause, j'avais cherché à soulever les yeux de dessus mes trois désirés, sur qui, sans cela, j'aurais bondi comme un chacal. Tout en faisant mine d'être occupé à regarder le haut de la porte, afin de laisser le temps nécessaire pour qu'il n'y eût plus de femme mêlée à la partie, qu'est-ce que j'aperçus inscrit sur le panneau? Le chiffre 42 ! justement celui dont avait fait choix une partie de la bande jacobine.

— Oh! pardieu! fis-je en moi-même, voilà qui se rencontre à merveille, et le sort m'a joué là un tour bien gracieux de sa part. Allons, allons, mon embuscade n'a pas mal réussi, et j'aurai fini ma faction de meilleure heure que je ne pensais. Ce que c'est que le gibier complaisant!

Je ne perdis pas plus mon temps que je ne voulais perdre mes peines, et ces réflexions m'avaient conduit jusque sur le banc situé derrière mes prélats.

— Il paraît, dis-je d'un ton presque mesuré, que l'on se plaît à prendre ses aises ici?

— Mais.... z'oui; assez, comme tu dis si élégamment.

— Et s'il me plaisait, à moi, qu'on se gênât davantage?

— On se gênerait encore moins.

— Bah!

— Parole d'honneur.

— Ta parole d'honneur? On ne te demande pas ce que tu n'as pas, ce que tu ne peux pas donner; mais on vous redemande à toi, à toi, à toi, ce que vous avez volé.

— Que signifie cela?

— Cela signifie, ajoutai-je de mon accent des dimanches, que vous avez escroqué la place de cette dame, et que vous allez la lui rendre.

— Quand il nous fera plaisir de nous déranger.

— Sur-le-champ, pas plus tard.

— De quoi viens-tu donc te mêler, muscadin?

— Tu vas le savoir. Ah! çà, mais, si je

ne me trompe, c'est toi qui jappes le plus haut de ta famille dans cette loge? Tu crois donc tenir bien fort sur tes pattes, toi?

— Assez pour te faire sentir tout à l'heure si elles ont le mouvement facile.

— Voyons.

Et avant d'achever ces deux syllabes, j'avais pris mon malin par le milieu du corps. D'un bras d'hercule je le lève au-dessus de la loge, m'amuse à le balancer quelques instants suspendu sur le public, et m'écrie de toutes mes forces :

— Gare dessous !

Les têtes d'en bas se courbent avec une édifiante docilité; je donne l'élan fatal, tends le poignet en avant, et vais me décharger de mon fardeau :

— Place pour un, messieurs; place pour un !

Mais je sens une main qui s'attache à moi; prêt à saisir de l'autre qui me reste libre l'imprudent qui se permet de me distraire au milieu de mes occupations, je me retourne furieux et m'apprête à lancer deux pierres du même coup... Les doigts essayant de me retenir étaient blancs et fins, mignons et presque caressants; ils m'attiraient à eux avec trop de grâce, rien que leur désobéir eût été une profanation.

C'était ma belle et généreuse vengée implorant miséricorde pour ses insulteurs. Le moyen de refuser !

— Vous avez raison, madame, il y a au parterre des gens honorables sur lesquels il ne faut pas jeter de boue : j'abandonne ce misérable en plus digne compagnie.

Je laissai choir mon balancé... sur la banquette, et cherchant partout ses acolytes pour le confier à leur vigilante sollicitude—le pauvre secoué devait en avoir besoin!—j'eus beau regarder à droite et à gauche, tous les deux avaient disparu... s'imaginant peut-être que, du moment où leur règne de loge avait cessé, ils achèteraient au bureau meilleur marché qu'à moi un billet de parterre.

L'entr'acte avait été accéléré par cette petite comédie intercalée dans la grande. Mon ami Ducellier accourut en toute hâte me féliciter d'avoir si amplement tenu ma parole, et surtout me prévenir qu'on avait les yeux sur moi, que la loge des officiers municipaux était fort près de là, et que m'éloigner serait de la prudence la plus urgente.

Je consentis à me retirer, non sans grande peine et à la seule condition qu'il me promettrait bien de veiller à ma place et de couronner, au besoin, l'œuvre entamée sous des auspices si favorables. La mission ne pouvait être confiée à des mains plus solides. Je me reposai tranquille sur lui et je quittai la salle.

Depuis, j'ai su que mes trois dégoûtés n'avaient nullement exprimé le vœu de mesurer si mon bras gauche était égal à mon bras droit. A la fin du spectacle, j'allai me poster sur l'escalier que devait descendre la douce plaideuse dont j'avais si nettement gagné la cause. Elle sortit, et je la suppliai de s'appuyer encore sur ce qui venait de la défendre avec tant de véhémence. Je refoulai de toutes mes forces le moindre germe de soupçon sur le désintéressement de cette démarche, je ne négligeai rien pour semer à l'avance de périls et de conséquences redoutables le chemin de qui oserait s'en retourner seule après un tel éclat, et ce second plaidoyer obtint le succès de l'autre. La pauvre âme, si remplie déjà des orages de cette soirée, s'ouvrit aisément aux éclairs de sinistre prophétie. Nous n'en eûmes pas moins un pur et heureux voyage, ainsi que je m'y étais bien attendu ; et je guidai sans encombre, mais avec grande joie, jusqu'au port, ma gracieuse accompagnée.

Là elle voulut bien me demander elle-même le nom qu'elle aurait à se rappeler et à bénir comme son défenseur : je lui offris, en même temps que ma gratitude et la continuation de mes bons offices, une de mes cartes de visite. La curiosité — cet aiguillon inhérent à la femme comme le dard à la guêpe — ne lui permit pas d'attendre sa rentrée au logis pour lire le caractère tracé : elle se plaça sous une lanterne de la rue ; puis, quand elle eut dévoré la ligne imprimée, elle me lança de nouveau ce regard, ce monde de pensées qu'elle avait répandu sur moi lors de son entrée au théâtre, au premier instant où nous nous étions vus. Elle s'empara convulsivement de la main de sa fille, lui déposa un furtif baiser sur le front, ne fit qu'un saut jusqu'à la porte de sa demeure, frappa vite et fort... et n'ajouta pas une parole à cette muette et mystérieuse éloquence.

CHAPITRE VIII.

PAULINE DE BESNY.

Pourquoi cette fuite, ce baiser, cette commotion ? La nature impérieuse, l'âme généreuse et forte que j'avais prouvée, la vive liberté de mes allures et, si j'osais ajouter, la franche et hardie expression de ma physionomie, une certaine grâce altière répandue dans toute ma personne, — ces diverses puissances réunies n'avaient certainement pas été sans impression sur madame de Besny ; mais jusque-là elle ne connaissait qu'un jeune homme de cœur, tel qu'il s'en retrouve encore, Dieu merci, quelques-uns de par le monde. Elle ne savait pas avoir affaire à la plus fine fleur des élégances du temps, à une illustration départementale, au coryphée de la plus belle ville de France après Paris, au Sirius du ciel bordelais. Dès l'instant où ce jet lumineux lui jaillit au sein, le rayon devint flamme; elle se sentit saisie d'une électricité soudaine, d'un envahissement qui était à la fois un baume paisible et une amertune pantelante; elle eut besoin d'air, de se retremper à quelque source divine; elle eut besoin de jeter ses lèvres corrodées aux fraîches tempes de cette jeune innocence; elle eut besoin de noyer aussitôt dans un torrent de limpides tendresses l'éclat de ce flot de lave; elle voulut réfugier dans les bras d'un amour saint une brusque affection mondaine, sauver la femme par la mère. Chez ces organisations entraînables on découvre parfois en vérité de ces élans partis comme un trait, qui sont à l'œil de l'observateur une bien admirable poésie. De telles études, si rares, hélas! mais dont il ne faut pas du moins nier l'existence, nous reposent de nos fatigues à fouiller si long-temps dans le sable des rives humaines avant d'y trouver la perle, à errer si vainement dans les immenses atmosphères pour y cueillir une brise dont le parfum ne s'en aille pas.

Aussi les impulsions méditées le cèdent-elles presque toujours aux mouvements imprévus : c'est le groupe en bataille luttant contre une armée de tirailleurs ; l'ordre finit par se voir renverser sous l'acharnement du désordre. Une pensée quelque peu revêtue de spontanéité sera chez nous incontestablement la bienvenue aux dépens des plus vieilles et des plus vénérables résolutions, dans le monde féminin surtout. Madame de Besny m'avait vu, elle désira et vivement de me revoir dans l'avenir, bien qu'elle eût décidé antérieurement de fermer là toute son existence sentie, et de n'y pas ouvrir accès aux plus ferventes supplications. Madame de Besny me reconnut à l'image qui lui avait été souvent faite de moi; et cette fois elle eut peur d'incliner trop son âme, pauvre roseau battu, mais riche encore de sève, et elle s'en alla dormir sous l'aile d'un séraphin pieusement aimé pour n'avoir pas de rêve qui la rejetât dans le profane. Mais quand se ranimèrent les échos frivoles et actifs, quand elle se réveilla voyant et entendant autour de l'inconnu d'hier les chauds applaudissements, quand elle se mit dans la mémoire toutes les bouches qu'il faisait parler, toutes les poitrines que remuait son nom, pour l'attachement ou la haine, l'admiration ou l'envie; alors elle retomba sur sa propre faiblesse, et elle comprit que désormais elle ne répondait plus de sa puissance, elle ne se garantissait plus invincible à tout enchantement.

Parce que dans l'amour le plus pur des femmes il y a toujours un grain de vanité, une création supérieure est regardée longtemps par elles, et les yeux fixes s'embrasent vite et communiquent le feu au cœur; le cœur est si près de battre rapide et chaud lorsqu'on se prend à battre des deux mains!

Pour tout cela madame de Besny avait enfin abdiqué ses déterminations d'insensibilité en faveur du Superbe; mes antécédents luttèrent, ma renommée triompha, mes soins achevèrent de conquérir, et cette conquête fut pour moi la plus précieuse de toutes, parce qu'elle avait été la plus combattue et la plus armée d'intelligence ; mais surtout parce qu'elle eut à souffrir de plus poignantes douleurs. D'abord elle avait auprès d'elle sa fille, sa fille qu'elle chérissait au-dessus des plus ineffables prédilections. Cette enfant ne la quittait pas, ou c'étaient des anxiétés maternelles que nul supplice ne saurait rendre; et si vous eussiez vu la pauvre mère frémir à chaque heure de laisser effleurer par la moindre tache cette candeur virginale, si vous eussiez vu la pauvre mère ne pas oser plonger son regard dans le regard de son enfant, de peur d'en ternir l'azur; ne pas la garder long-temps dans ses bras de peur d'être contrainte par quelque pensée étrangère à rougir devant ce miroir de pureté; ne plus s'agenouiller le soir tout près d'elle, comme ne se croyant plus digne d'envoyer vers Dieu son âme dans le parfum de cette âme angélique; oh! vous auriez admiré cette mère, cette femme, vous l'auriez aimée parce qu'elle était si tendre et si malheureuse!

Je l'ai aimée, non pas avec l'enivrement peut-être qui m'a suivi à travers d'autres affections, mais avec une sorte de culte qui ne s'est point démenti. J'ai recueilli d'elle bien des confidences douces à entendre à force d'être imprégnées d'amertume; elle est venue chercher dans mon sein toutes les oppressions les plus écrasantes d'une jeunesse active et elle a constamment veillé autour de mes deuils sombres d'alors. On me fit faire dans la première part de ma vie un cours presque complet des prisons de France : eh bien, partout m'arrivaient ardentes, infatigables comme l'amour et la charité, les consolations de Pauline de Besny; et le jour me semblait illuminer mon cachot d'une lueur immense, je ne savais plus si mes mains et mes pieds étaient cloués dans ces bières souterraines, les verrous ne grinçaient plus aussi froids et secs, la voûte ne s'étendait plus sur ma tête comme un couvercle noir s'affaissant, remontant, puis retombant sans cesse. Oh! que vous devez d'actions de grâces à madame de Besny, messieurs mes geôliers, pour les bras et les jambes qu'elle vous a conservés par ses vertueuses exhortations et par le calme si touchant qu'elle versait en moi! Que de fois, ô mon front, un seul reflet de cette étoile t'a retenu dans ton élan de suicide et défendu de te briser à ces noires et lourdes murailles!

Je me rappelle encore pieusement les quatre lignes fermant une de ces pages-reliques dont elle savait le secret plus que toute belle âme au monde.

— « Cher désolé, me disait-elle, non, vous n'êtes pas encore dans la tombe; pour rayon à votre fenêtre n'avez-vous pas le dévouement d'une amie pleurant de vos pleurs, souriant de votre sourire? N'avez-vous pas pour votre ciel la sainte pensée de votre mère? »

J'étais alors enfermé à l'Abbaye, où l'on me traitait moins mal que dans les autres prisons : eh bien ! par cela seul que j'approchais plus près des bénéfices attachés à l'air libre, je me sentais plus loin des soulagements intimes : jamais peut-être une mélancolie plus mortelle ne vint m'assiéger, et jamais aussi je n'éprouvai plus profondément le bonheur de n'être pas seul quand la souffrance est sur nous.

« — Ma bonne Pauline, ma bien-aimée, lui écrivais-je deux jours avant mon élargissement, est-il bien vrai que je sois toujours ton ami ? Ah ! c'est que j'ai tant besoin de cette assurance, cher ange, pour me relever de mes abattements et pour croire à ta clémence infinie après tous les reproches que j'ai mérités de toi ! Que j'ai de torts, mais que ta bonté est grande ! Comment te manifester les sentiments que m'inspire ton âme si généreuse ! Pourquoi n'es-tu pas auprès de moi, pour recevoir dans ton sein des larmes qui me brûlent ! Si tu savais, amie, comme les malheurs me sont plus légers depuis que tu as voulu ta part de ma chétive destinée ! Oh !

si je suis assez heureux pour sortir de cet antre lugubre, dût-on m'envoyer au bout du monde, je te rejoindrai pour te donner des témoignages d'une tendresse qui a fait jusqu'ici ma consolation.

» Ma bonne mère a eu soin de m'apprendre l'état où ma détention t'a mise. Je suis sensible à ses soins, mais je le suis bien plus à ta maladie. Si je puis t'engager à prendre le mal qui m'arrive avec la fermeté de ton caractère ordinaire, je te conjure plus particulièrement encore, au nom de notre amitié, au nom de notre amour, de cesser tes inquiétudes; sinon je ne cesserai pas, moi, de te répéter que je suis la source de toutes tes douleurs.

» Je te laisse, mon amie; car voici qu'on m'annonce la visite de cet infernal Fouché : puisqu'il vient m'arracher à toi, je vais le recevoir de façon, je te le jure, qu'il me prive un peu plus de ses sournoises causeries ou un peu moins de liberté. Sans doute il vient me proposer encore de me la vendre au prix de quelque platitude. Il faut, je te l'atteste, mon bon ange, avoir le cœur furieusement chevillé dans la poitrine pour ne pas chercher toutes les issues possibles à ce cloaque de désespoir. Et pourtant il aura beau faire, tout ministre de la police qu'il est, il ne sera jamais dit qu'il ait amené son pensionnaire Chodruc à sortir de ses gémonies en rampant. Dans deux minutes nous nous verrons face à face, et, quoique ce soit assez difficile, je me promets bien de lui faire courber les yeux devant son prisonnier, je m'apprête à lui lancer au visage mon ultimatum sempiternel : — Monsieur le ministre, je vous en avertis, si vous touchez la moindre corde basse, je me bouche impitoyablement les oreilles ; donc posons cartes sur table, et, si vous avez des conditions à me faire, souvenez-vous de la maxime que j'ai adoptée avec vous et les vôtres : Je donne latitude aux propositions parce que je me ferais pendre pour jouir du grand air, mais je donne latitude *en tout bien tout honneur.*

» Le diable, son digne patron, l'emporte ! Dieu te bénisse, ma Pauline ! »

CHAPITRE IX.

BONNE RENOMMÉE VAUT *moins* QUE CEINTURE DORÉE.

Bordeaux est la première ville de France pour le théâtre : Paris ne possède pas de salle plus belle, mieux ordonnée, d'un aspect plus riche que ce chef-d'œuvre de Louis, cité comme modèle à tous les architectes.

Mais Bordeaux, déchu aujourd'hui de son ancienne renommée, était à l'époque dont je vous parle un point d'arrêt fatal aux artistes, qui venaient briser leur réputation de plusieurs années à l'injustice, à la volonté niaise, au caprice des meneurs-coulissiers, devant lesquels, bon gré mal gré, il fallait courber la tête.

Pendant ces bruyantes années, le comédien, le chanteur qui accourait tenter la fortune chez nous, pouvait se dire homme heureux plutôt qu'homme de talent, dès que nous l'avions adopté. Mais alors aussi je vous réponds qu'il eût été mal venu celui qui aurait osé en appeler de notre jugement, et nous aurions jeté sur la contre-basse l'étranger visiteur qui eût sifflé l'acteur applaudi par nous. Quant à moi, je l'aurais lancé au lustre : sauf à le repêcher dans sa chute.

Sur vingt duels, quinze ou seize au moins prenaient leur source au théâtre; et pour ma part j'ai dû bien des heures de volupté à telle ou telle actrice que la cabale voulait renvoyer et que je retenais au bout de mon fleuret.

L'artiste qui m'avait pour ami pouvait se dire reçu, et mes applaudissements ont donné l'ut de poitrine à un ténor qui, sans moi, ne fût arrivé seul qu'à l'aide de son fausset. En un mot, j'étais à la fois le bravo et le Mécène de la troupe.

Madame Latapie était alors directrice des deux théâtres; ses prédécesseurs s'étaient tous ruinés. Je voulus que madame Latapie s'y enrichît. Cela fut.

Mais, hélas! quand la tête est fortement occupée, il est rare que le cœur ne se mette point de la partie. Madame Latapie et moi vécûmes dans la plus parfaite intelligence, dès lors les échos du grand théâtre retentirent des plus énergiques applaudissements : un sifflet eût été payé trop cher par un coup d'épée.

Bordeaux m'appelait *le Superbe*, non pas que je fusse absolument comme Tarquin, mais parce que je marchais assez dignement sur ses traces. Brillantes parures, costumes d'une extrême élégance, dîners somptueux, bals ravissants, orgies échevelées, rien ne fut oublié par les deux amants ; et je ne saurais vous dire combien de fois la recette de la représentation vola de la caisse du théâtre dans celle du restaurateur.

Folles joies, rires éclatants entre les services, propos incandescents, confidences amoureuses, mystères impénétrables à la jalousie la plus active, enivrements de tous les jours, de toutes les heures, sommeil invaincu par les rayons du grand astre méridional, — qu'êtes-vous devenus ?

Solyme est tombée comme Sparte, comme Thèbes, comme Babylone, comme Memphis, dites-moi si la Rome des papes ressemble à celle des Césars, et voyez si le Chodruc Duclos d'aujourd'hui est de la même famille que Duclos le Superbe au temps de sa splendeur.

Je m'estime heureux que mon hôte n'ait point mis de glace dans ma mansarde.

Mes amours ont duré plus d'une semaine, ils auraient duré sempiternellement ; deux ou trois ans au moins, si la jalousie ne se fût mêlée du jeu.

Madame Latapie ne comprenait pas la possession à deux, et moi le nombre deux m'épouvantait aussi. J'allai plus loin. Les ongles se mirent de la partie; puis vinrent les larmes, puis les grincements de dents, puis les menaces d'infidélité, puis les brouilles, les lettres, les prières, les raccommodements. — Puis, enfin, les trahisons féminines.

Oh! pour le coup je me fâchai tout de bon, je souffletai le rival heureux qui refusa de se battre pour ne pas compromettre sa conquête, je souffletai plus fort, et le dénoûment de tout ceci fut une complète rupture.

Qu'une sommité manque dans une ville quelconque, il y a deuil ou joie dans les ménages et parmi les curieux. Ésope ou Alcibiade, Achille ou Thersite ne peuvent s'absenter ou mourir sans qu'on s'occupe de leur absence ou de leur mort, sans qu'on en parle beaucoup dans les veillées. Ainsi fit-on de moi à Bordeaux,

— Le Superbe est parti.

— Bah !

— Il est à Rome.

— A Berlin.

— A Venise.

— Laisse donc ! Il est caché dans quelque ruelle, c'est un mauvais tour qu'il nous joue; madame G... ou madame B... s'est emparée de lui à coup sûr, et demain peut-être il va se montrer à nous comme l'éclair escorté de sa foudre.

Ce que c'est que la renommée ! Soyez l'amant d'une belle femme, donnez une correction à un fat, châtiez l'insolent d'un coup de fleuret, soyez bien vêtu, faites des dettes — surtout ne les payez pas — bâtonnez les recors, croquignolez les mouchards... et vous avez trente coudées.

J'en avais trente, et pour ceux qui me taxeraient d'orgueil, j'en appelle à mes anciens camarades, j'invoque le témoignage de leurs maîtresses...

Le Superbe tenait alors le haut du pavé, le Superbe était le Glorieux.

Mais, hélas ! toute renommée est coûteuse. Ma réputation d'audace m'a valu bien des disgracieusetés de la part de madame la Police, qui n'a jamais pu se mettre dans la tête qu'on puisse être un Bayard sans devenir un Cartouche ou un Ravaillac.

CHAPITRE X.

MARTIGNAC.

Certes Martignac était un bon garçon, d'autant meilleur qu'il n'avait de prétention qu'à une seule chose, à l'esprit. Il aimait les pointes, soit ; mais dans les couplets seulement. Sur le terrain, il les redoutait en diable ; et il n'y aurait pas eu moyen de le forcer à se battre, même contre celui qui se serait amusé à siffler une de ses pièces.

Il m'aimait et me redoutait à la fois : rien

n'était plus drôle, plus amusant que sa sympathie ou ses répulsions; et dès qu'il venait me prendre familièrement par le bras, je devinais qu'il y avait un vaudeville sur le tapis. En un mot, il voulait que je fusse son chef de claque— il n'en existait pas alors —; et dès que j'avais promis aide et protection il fallait bien, à toute force, que le public acceptât l'ouvrage.

Un jour qu'on jouait de lui un acte intitulé, je crois, *la Grisette*; le parterre siffla : je lançai mon chapeau, qui fut foulé aux pieds. Furieux, je veux m'élancer, on me retient. Je descends l'escalier, je bouscule, je tape, je renverse... La pièce fut trouvée délicieuse, je vous le jure. Ce soir-là je méritai mes éperons, je conquis mon bâton de maréchal, et jamais nul ne mérita mieux que moi le titre glorieux de chef de claque... je claquai plus de cinquante joues.

Le jour où ce bon poète Martignac, qui rimait moins bien que je ne me battais, fit jouer son vaudeville anglo-wellingtonien, fut pour moi le plus orageux et le plus écrasant à la fois.

J'aimais les Bourbons, mais je haïssais les habits rouges. Je voulais faire réussir la pièce et je ne demandais pas mieux qu'on la fît tomber. Les partis étaient en présence à Bordeaux : les *brassards,* les *verdets,* tas de canaille, de désœuvrés, de flâneurs, d'égoïstes, de lâches, de parasites, ne vivant que pour eux, sangsues attachées à tout ce qui a de la force et de la puissance, cœurs corrompus prêts à tout excepté à ce qui honore et ennoblit, proclamaient à haute voix, dans les rues et dans les allées de Tourny, que Martignac était un grand homme, une illustration, une époque. Hélas ! je savais, moi, combien il était petit, et je redoutais qu'un désillusionnement ne vînt frapper le soir tous ses défenseurs en haleine.

En opposition avec cette horde d'enfonceurs de portes ouvertes, en tête de laquelle on me faisait l'honneur de me hisser, se trouvait une société d'élite antipathique à nos sentiments, qui gémissait du joug nouveau qu'on venait de lui imposer, et qui ne comprenait pas qu'un Français consacrât sa plume à l'exaltation de nos amis les ennemis.

La lutte devait donc être chaude et animée; on avait les yeux sur moi, et je tirais vanité de cette supériorité dans l'action qui m'était généralement reconnue.

Mais, je vous l'ai dit, il y a chez moi deux natures diamétralement opposées, et j'aurais voulu me battre en même temps contre les deux partis. Toutefois, dans l'impuissance de satisfaire mon goût imminent de bataille, j'acceptai la cocarde blanche, c'est-à-dire celle de Martignac, et je me rendis au théâtre.

— Le voilà !

Ce mot prononcé par la foule me grandit de vingt pieds; je baissai la tête, de peur de toucher à la loge qui me dominait, et je ne voulus pas allonger le bras, dans la crainte de frapper le lustre.

Le peuple vous fait à son gré géant ou lilliputien, et ce jour-là j'avais la taille d'Ajax et la force d'Achille.

Pauvre Martignac ! Tout cela pour ton chef-d'œuvre ! quel chef-d'œuvre, bon Dieu ! *gloire — victoire, Anglais — Français, lauriers — guerriers, invalides — Pyramides :* voilà la pièce.

On applaudit ouvertement, avec fureur, avec frénésie ; on sifflota en cachette... et Martignac fut proclamé un grand homme sans le secours de mon épée, qui le lendemain pourtant se teignit de sang sur la poitrine d'un honnête négociant fort peu enthousiaste des Anglais et de leur Pindare.

Je me suis toujours reproché ce duel comme un crime.

CHAPITRE XI.

UNE CONDAMNATION A MORT.

Je ne sais trop si ce résultat provenait du hasard ou de notre choix mutuel, mais toutes les femmes que j'ai eues pour amies intimes ont été des femmes de résolution. Il est vrai d'ajouter que je ne me faisais point défaut de les finir de dresser, lorsqu'elles péchaient encore quelque peu par le côté faible.

Madame Latapie a été du nombre de mes chères déterminées, et je lui dois la moitié d'un événement trop précieux pour moi, trop doucement mémorable de ma vie : je lui donnerai ici la noble part qui lui revient.

Nous étions encore sous le règne du tribunal révolutionnaire : j'arrive auprès d'elle, soucieux, pâle, effaré, anéanti.

— Mon Dieu! quelle physionomie bouleversée !

— C'est que je ne suis pas gai.

— Pourquoi cela, mon ami?

— Les persécutions vont leur train, la justice des tribunaux devient une mégère, le couteau triangulaire coupe trop, les bonnes têtes roulent comme des miettes de pain : cela m'ennuie, cela me vexe.

— Qu'y faire, mon ami? Attendre et espérer !

— Ne rien espérer, parce qu'une fois qu'on a bu du sang, on s'en grise, on en veut toujours et l'on s'en verse à pleins bords : le caprice devient passion; la passion, une manie de toute heure. Il n'y a donc rien à espérer, si ce n'est de coucher les ivrognes à terre et de casser les planches de leur cabaret ; ne pas attendre un mois, un jour, une minute, un instant ; leur arracher la tasse des mains et les grappes d'or qu'ils foulent aux pieds pour en tirer leur nectar de cannibales.

— Mon Dieu ! mon Dieu ! quelle agitation ! Mais à coup sûr, mon ami, quelque chose de nouveau, de fatal est survenu ; et je ne puis rien savoir ? et je ne suis plus digne d'une seule confidence intime ? et je suis donc retombée bien bas, que l'on ne me juge plus à la hauteur d'une consolation à offrir, ou d'un secours à porter ? Voyons, ami, quelque menace puissante plane encore sur nous, n'est-ce pas ? on cherche encore à punir, à se venger..., à nous séparer peut-être ?... Tenez, j'en suis sûr, Émile, avouez, avouez, il y a encore au fond de tout cela quelque belle œuvre de votre âme si généreuse, et ils s'acharnent à votre piste pour vous en infliger le châtiment ?

— Non, non, par malheur : j'aimerais bien

mieux que ce fût moi ; j'aimerais bien mieux qu'ils n'en fussent pas arrivés plus loin qu'aux perquisitions.—Je donnerais un million pour être à même d'accomplir une de ces actions méritoires qui prouvent qu'on a un cœur dans la poitrine, du sang rouge dans les veines, et un bras fort pour ses amis.

—Mais qu'est-ce donc, enfin? qu'y a-t-il, je vous en supplie? vous voyez bien que je suis à la torture!

— Il y a que je suis, moi, dévoré par le plus écrasant des supplices : l'impuissance en face de la barbarie, de l'iniquité. Il y a qu'une prison de Bordeaux engloutit depuis deux mois deux pauvres victimes pour qui tout grief d'accusation se réduit à trop de dévouement et de loyauté. Il y a qu'aujourd'hui même, aujourd'hui mon étoile m'a poussé jusqu'à la barre de leur tribunal de sang. Il y a qu'une parole épouvantable a osé salir les lèvres de leurs tigres habillés en juges; il y a enfin qu'un arrêt infâme a été proclamé; il y a que demain avant le jour deux jeunes

9.

condamnés se laisseront fusiller pour expier le crime de n'avoir pas joué avec leurs principes et leur culte comme des enfants, de n'avoir pas pris une aiguille à la place d'un sabre comme des femmes, de n'avoir pas remué à tout vent comme des girouettes, sauté pour tout le monde comme des paillasses, baisé les plus sales talons comme des valets, déserté leur camp ou vendu leurs frères comme des renégats, comme des lâches : voilà le forfait de ces grands coupables, voilà le texte de leur sentence à mort ; voilà pourquoi ces deux admirables garçons auront vécu demain, braves comme des Césars ! nobles comme des martyrs !

— Et ces jeunes gens ?...

— Sont deux Vendéens et des meilleurs. Et ils ont Émile Duclos pour ami, pour compagnon d'armes ! et ils s'en iraient comme cela ! ils s'en iraient à propos de rien, sans avoir même le temps de recevoir ses adieux ! Non, non, il ne sera pas dit qu'on me les ait arrachés par ma faute ; puisque la bonne heure est venue, nous ferons juger, aussi nous, quel ennemi et quel ami nous sommes. Ils verront bien si Chodruc-Duclos a dormi sur ses deux oreilles pendant qu'on aiguisait le couteau contre ses frères !

— Mais le moyen, mon ami ? le plan à suivre pour une si triste impossibilité ?

— Ah ! pardieu, le moyen, le moyen ! si je le savais, si j'en connaissais l'ombre d'un seul, je ne serais pas là, je ne me tordrais pas la poitrine à frémir, je ne me briserais pas le front à rêver.

— L'état de fermentation où se tiennent les esprits redouble les vigilances. Quand les bourreaux ont leur proie sous la griffe, en ce moment plus que jamais ils la lâchent malaisément.

— N'importe ; soit la force ou la ruse, tant que je reste debout, il me faut le salut de mes amis, il faut les limpidités de l'atmosphère autour des poitrines pures, il faut les calmes splendeurs du firmament, et non le cri d'une fusillade, au-dessus des fronts généreux.

— Et c'est pour cela, Émile, qu'il faut aussi vous conserver, ne pas risquer à tout propos une existence trop précieuse pour votre parti, trop douce à ceux-là qui vous aiment.

— Cette fois j'aurai accompli mon devoir, je n'aurai fait rien de plus. Allons, mon ange gardien, ton âme toute céleste bénira mes efforts. Si ma destinée est de succomber à la peine, eh bien ! chère affligée, il serait injuste de trop empourprer, de trop mouiller ces beaux yeux-là, parce qu'une pareille mort vaut mieux qu'un étouffement perpétuel dans la sphère étroite et oppressive qui nous entoure.

— Le vilain, qui me refuse jusqu'à la plainte, jusqu'aux larmes ! comme si ce n'était pas assez déjà de prodiguer ainsi mon plus cher trésor de ce monde, cette vie d'un si grand avenir et dont je marche si orgueilleuse !

— L'avenir, l'avenir ! qui sait ce qu'il doit

m'apporter? Qui sait s'il eût resplendi pour moi? Qui sait s'il m'eût revêtu de quelques rayons, s'il m'aurait décoré de quelque gloire? Qui sait si l'avenir se fût bien souvenu de mon passé? Qui sait si mes rêves hardis ne se fussent point brisés à de brutales déceptions? Qui sait si je n'eusse point été trahi dans mes vœux les plus légitimes? Qui sait enfin si le nom de Chodruc-Duclos, loin de briller comme une couronne, n'eût pas été appelé dans le monde à se traîner pâle comme un haillon?

—Quelles sinistres idées! quelles imaginations folles!

— Pas si folles, pas si folles. L'extravagant est celui qui se fie à l'espèce humaine; nul ne peut prévoir d'ailleurs ce qui est décrété là-haut : et puis, si je n'ai pas beaucoup aujourd'hui ma raison à moi, il faut me pardonner, vois-tu; car je ne songe plus qu'à ces pauvres jeunes gens, et je dois être à eux tout entier, je leur dois jusqu'à mon dernier souffle, maintenant qu'il s'agit pour eux d'une visite d'amis ou d'exécuteurs.

— Ingrat!

—Eh! non, je ne suis pas un ingrat; car, si un péril osait t'effleurer à ton tour, je te prouverais parbleu bien si je t'oublie plus que les autres, ou plutôt si je ne m'inquiète pas bien plus encore de toi que de tous les autres ensemble. Oh! non, je ne suis pas un ingrat; oh! non, car j'ai toujours eu au plus profond de l'âme un privilége de mépris et d'exécration pour ce vice, pour ce monstre hideux : un ingrat, c'est pour moi un traître et un lâche à la fois; c'est le crapaud qui se rejette et s'enfonce dans son cloaque, puis qui, de là, vous envoie sa fange, parce que le dégoût vous a empêché de l'écraser en passant; c'est la vipère qui vous laisse tourner les talons, se cache, et vous bave son venin, parce que vous avez dédaigné de lui travailler la tête avec votre canne. Voilà ce que c'est qu'un ingrat! Un ingrat, c'est ce que je hais, ce que j'abhorre et méprise le plus dans l'univers; un ingrat, ce qu'il y a de plus lourd, de plus hideux dans mes cauchemars, dans mes nuits les plus noires, les plus vagabondes, les plus tourmentées.

— Pardon, oh! pardon, mon ami.

— Tu vois donc bien que je ne suis pas un ingrat : je pense à toi, je t'aime; mais l'honneur veut que je montre également à ceux dont le cœur a battu près du mien, et dont le sabre a touché mon sabre, si je sais respecter la religion du souvenir. Assez causé, ma chérie; vite ton front pour ce baiser; le temps presse, je pars: adieu encore.

— Mais où donc allez-vous?

— Devant moi, c'est tout ce que je sais. Dieu m'inspirera dans la route; je m'en vais courir du côté de ces deux pauvres martyrs, et puis le ciel décidera du reste. J'ai le poignet bon et le stylet bien affilé, j'ouvrirai la cage ou elle se fermera sur moi; je me ferai tuer ou je tuerai, voilà!... Et s'il y a un jugement dernier, eh bien! je me présenterai fier et heureux en face du grand Juge, debout entre mes deux nobles condamnés d'ici-bas, une main posée dans leur main, l'autre appuyée sur leur épaule.

— Oh! tu es le plus magnanime des hommes! oh! je t'aime, oui, je t'aime bien, va! mais je te veux ainsi, dans tes allures glorieuses, chevaleresques, dans ton intrépide énergie. Lutte et triomphe, et sauve-les; ta cause est belle, et je dirai cela dans mes prières pour vous tous.

Elle me sauta au cou; la sainte contagion de l'enthousiasme avait passé de moi en elle : j'eus peine à me défaire de cette étreinte si ardente; mais enfin je me levai, puis je me dirigeai vers le seuil. Quand nous fûmes arrivés là, elle parut sortir d'un instant de courte rêverie, et s'arrêtant tout à coup :

— Écoute, me dit-elle : la pieuse mission que tu t'es donnée offre des périls et des obstacles énormes, ce serait folie de se les dissimuler.

— Je ne me les disssimule point : s'il n'y avait pas de périls à gagner, si la chose devait se faire d'elle-même, la fameuse perspective, ma foi, qui se déroulerait devant mes yeux!

— Ainsi tu avoues sans orgueil et sans aveuglement qu'il y a de lourdes difficultés à soulever, un glorieux mérite à conquérir?

—Non pas précisément, mais une conduite digne et louable à tenir.

— Si je te demandais une grâce, me l'accorderais-tu?

— Non pas une, dix mille.

— Il faut m'emmener avec toi.

— Là-bas?

— Là-bas.

— Y songes-tu?

— J'y ai songé.

— Mais il y a des portes de fer à briser, des murailles à escalader, des baïonnettes à franchir.

— C'est pour cela.

— Mais il faut du poing comme quatre et du cœur comme vingt!

— Je serai avec toi.

— Merci, mon ange, merci; mais, crois-moi, pour le succès même de mon entreprise, il vaut mieux que tu restes.

— C'est cela, méchant égoïste que vous êtes! Non, n'est-ce pas? c'est pour me rendre jalouse et colère, que tu dis ne pas vouloir de moi? N'est-ce pas que tu seras assez bon pour me faire ta petite complice?

— Tes cajoleries ont bien de la puissance, mais je dois envisager toute la marche et les conséquences de cette affaire; et à nous deux, je te l'avoue, je réussirais moins qu'à moi tout seul.

— Et tu t'imagines que je te laisserai aller seul?

— J'entends : seul, avec un groupe de braves et sûrs camarades,

— A la bonne heure au moins, je suis un peu plus tranquille, quoique je ne le sois guère.

— Mais tes camarades, les as-tu avertis? Puis quelle mesure exécuterez-vous?

— Je cours de ce pas les prévenir, et nous nous concerterons sur-le-champ.

— Et moi je resterais là, ni plus ni moins qu'un meuble inutile, je resterais à me ronger de transes et d'inquiétudes?

— Tu resteras pour nous apprêter avec ton sourire notre plus doux triomphe, pour me donner dans un de tes baisers ma plus délicieuse récompense.

— Attends, attends, j'y songe : il faudrait trouver un expédient, inventer un stratagème qui vous menât droit et sans résistance jusqu'aux prisonniers.

— Je ne demande pas mieux : mais je suis fort d'avis que le chemin sera plus rocailleux que cela.

— Peut-être... Un travestissement, je suppose?

— Cette idée pourrait bien n'être pas si mauvaise.

— Voyons, quel costume a le droit de pénétrer derrière ces noires et fatales murailles?

— Un habit de garde national, par exemple.

— O! quel bonheur! moi qui en ai les coffres de mon théâtre remplis.

— A merveille, à merveille, voilà qui se trouve admirablement. Alors, ma toute chère, sais-tu comment nous devons agir? Toi t'occuper de notre équipement, et moi m'en aller au galop donner le signal de l'expédition?

— Combien serez-vous d'agresseurs?

— Cinq, j'espère.

— C'est entendu; je cours au théâtre, et dans une demi-heure nous serons tous assemblés ici.

— Au revoir donc, notre Esprit saint, notre divine inspiratrice.

— Au revoir, mon bon génie.

Je m'enfuis à toutes jambes, mets sens dessus dessous hôtels et cafés, parviens à réunir — chose assez difficile — quatre lutins, solides au poste; leur confie mon dessein, leur communique le plan résolu, et pour réponse je manque d'être étouffé : heureusement aussi je n'avais pas tout à fait des mains de cristal, sans cela j'aurais couru grand risque de les voir briser sous leurs étaux.

Nous nous rendîmes chez madame Latapie : elle nous attendait. Elle nous donne à chacun notre uniforme; puis, afin de nous laisser habiller, elle se retire dans une chambre voisine, nous recommandant avec instance de l'appeler dès que nous serions prêts, pour qu'elle eût la satisfaction du moins de nous juger dans notre nouveau rôle et nous venir passer en revue : que nous lui devions bien cela en sa double qualité de fournisseuse militaire et de directrice de théâtre. On le lui promit, et nous procédâmes lestement à notre toilette.

—A propos, dit l'un de nous, mais — étourdis que nous sommes! — nous n'avons pas réfléchi à la première difficulté de toutes.

— Laquelle?

— Laquelle?

— Eh! comment voulez-vous que nous puissions être introduits? nous n'avons pas même le mot d'ordre.

Ce funeste jet de lumière fut un coup de foudre pour nous tous.

Après avoir longuement étudié la question sans y trouver d'issue :

— Bah! bah! m'écriai-je, si nous ne l'avons pas, il faudra bien nous en passer. Si nous ne trouvons pas de meilleures raisons à donner, que voulez-vous?... nous n'en donnerons pas du tout. Faute d'une autre langue, nous ferons siffler nos cartouches. Nous aurons tout prêt notre dictionnaire en main, il ne s'agira plus que de la manière de s'en servir. Est-ce convenu ainsi?

— Oui.

— Oui.

— Oui.

— Oui.

— Me jurez-vous, amis, de me seconder jusqu'à complète extinction, de me suivre jusqu'en enfer, ou plutôt jusqu'au ciel — car nous ne l'aurons pas volé, j'espère?— me promettez-vous de ne pas donner de relâche aux petits dogues de nos fusils que nous n'ayons paralysé, soit avec ces gentils aboiements, soit avec notre ton si caressant, la mâchoire des cerbères?

— Nous le jurons.

—Alerte donc et en route. Nous commencerons par fureter partout où pourrait s'être niché cet aimable mot d'ordre; si nous le trouvons, tant mieux pour nous; si nous ne le trouvons pas, tant pis pour les rodomonts. Disons à notre officier d'équipement de venir nous souhaiter bonne chance et de bénir nos armes avec ses beaux yeux... et puis, au pas de course !

Je frappai militairement, avec ma crosse, à la porte de madame Latapie... et jugez de notre stupéfaction lorsque nous vîmes apparaître, comme un éclair, la plus blanche menotte du plus joli troupier des armées de France, qui nous répondit en se plaçant devant son shako.

C'était elle, madame Latapie elle-même, qui nous avait joué un tour de sa façon en s'affublant, comme nous, d'un vêtement de garde national.

— Je vous en ai prêté cinq, fit-elle aussitôt, c'était bien le moins que j'eusse le droit de m'en gratifier d'un. Et pour le prix de ma location de costumes, vous serez assez galants, je suis sûre, pour me faire partager votre promenade.

Nous crûmes d'abord à une plaisanterie, et

bientôt nous nous aperçûmes que rien n'était plus sérieux. J'employai tous les langages possibles pour l'empêcher de compléter notre demi-douzaine; éloquence et logique furent dépensées en pure perte, force fut bien de lui assigner sa place au milieu de notre mince bataillon.

— Allons, repris-je en cachant un peu le déplaisir et les anxiétés qui me descendaient à l'âme; allons, camarades, puisqu'il en est ainsi, faisons acte d'obéissance. Vous savez le proverbe : *Ce que femme veut, Dieu le veut.* Dieu voudra qu'en échange nous soyons les maîtres à son Hôtel.

CHAPITRE XII.

VIVE LE VIN!

C'était en effet à l'Hôtel-Dieu qu'on avait enfermé nos deux amis : par suite de mes informations adroites, je connaissais jusqu'à l'aile de bâtiment occupée par eux. Nous arrivons.

Sous prétexte que, dans le costume militaire, elle sera moins reconnaissable que nous dont tout Bordeaux savait par cœur le physique, notre amazone s'avance en éclaireur pour juger des dispositions de l'ennemi.

On me proposa de marcher avec elle; mais son projet était plus sage, et j'étais persuadé que plus nous chercherions à la mettre derrière le danger, plus elle se jetterait en avant. Tout bien calculé, je fis comprendre que mieux valait nous tenir là sur nos gardes et attendre les utiles instructions qu'elle nous rapporterait.

Elle tarda quelque peu, et je fus assailli par des angoisses mortelles. Je lui connaissais assez de prudence mais trop de détermination; je commençai à craindre pour elle, et je remettais déjà mes soldats au port d'armes, quand nous la vîmes retourner vers nous en compagnie.

— Qui diable est-elle allée recruter encore? dis-je en voyant se traîner après elle un nouvel affidé.

— Sans doute un prosélyte.

— Il a l'air trop nigaud : il peut bien aller se faire pendre ailleurs. On a encore sa dignité, on ne s'expose pas à se faire caresser le cou avec toute espèce de gens.

— On dirait un lièvre pris au gîte. Est-ce qu'elle se serait déjà divertie à faire des prisonniers?

—Silence dans les rangs et présentez armes.

— Camarades, cria-t-elle en nous approchant, je vous amène un brave compagnon, joyeux luron s'il en fut; je lui ai fait promettre qu'il trinquerait avec nous. Si vous voulez m'en croire, nous avons encore trois quarts d'heure d'ici minuit, nous entrerons quelque part nous fortifier la place d'armes.

— Certes, très-volontiers, répliquai-je. Soyez le bienvenu, mon garçon, et demeurez convaincu que vous voilà en société de bons et francs compères. Voyons, voyons, il doit y avoir dans les environs quelque église dédiée à notre divin Bacchus?

— Le plus loin possible! me glissa dans l'oreille madame Latapie.

Ses ordres furent ponctuellement observés. Par la raison qu'ici le vin était mauvais et trouble, que là le service était disgracieux, je leur fis arpenter une demi-lieue de terrain, et nous nous adressâmes à un établissement borgne, mi-café, mi-taverne, où une chambre nous fut donnée, puis une petite collation servie.

Jusque-là je m'étais laissé aller en aveugle, et n'y comprenant rien, pas plus que mes camarades. Je n'avais entrevu qu'une chose, mais bien clairement : c'est que le gaillard était de bonne prise.

Notre amazone avait voulu sa place auprès de son protégé, elle lui faisait fête, le bonbonnait, le sucrait, le rafraîchissait surtout, que le feu aurait dû m'en prendre au cerveau ; il ne prit qu'au cerveau de notre convive étranger. Quand madame Latapie s'aperçut que les esprits de l'intrus s'exaltaient et commençaient à battre la campagne par suite des flacons vidés en son honneur, elle fit adroitement tomber la conversation sur un sujet scabreux, mais des plus intéressants pour nous. A force de spirituels enjôlements, elle arracha au pauvre imbécile un secret dont l'immense portée nous mit alors au courant de toute cette comédie : notre ange sauveur, en allant faire son inspection au delà des avant-postes, avait découvert que cet individu possédait le mot d'ordre, et maintenant le mot d'ordre était à nous.

Quand le niais fut bien profondément plongé dans les vignes saintes, nous échangeâmes un signe, et nous quittâmes l'appartement. Il voulut nous suivre, mais je lui fis accroire que nous sortions pour un instant, pour accompagner l'un de nous à sa garde qu'il lui fallait monter tout auprès de là; que, cela fait, nous nous réjouissions bien d'avance de revenir lui tenir tête. Pour achever de le convaincre et le désennuyer, je mis une dame-jeanne en face de lui, la clef dans la serrure et mon homme en sûreté.

Nous descendîmes; je payai en recommandant bien qu'on prît garde à *mon frère:* nous viendrions le reprendre en voiture dans un quart d'heure, son état ne lui permettant pas de nous accompagner. Pour mieux m'assurer de la vigilance de l'hôte, j'emportai la clef dans ma poche, et nous voilà courant par des chemins détournés vers notre champ de bataille.

A une portée de fusil de l'Hôtel-Dieu, nous faisons halte pour respirer. Je renouvelle une dernière exhortation auprès de mon intrépide compagne ; loin de se détacher de moi, elle s'y cramponne de plus fort.

— Le sort est jeté, mes amis ; en avant et Dieu nous vienne en aide! Le mot d'ordre est *victoire :* vous verrez qu'il nous portera bonheur.

Douze mains se cherchent et se serrent, le pas s'emboîte et nous cheminons.

— Qui vive ? nous crient les factionnaires.
— Victoire !

Et nous hâtons la marche, et nous arrivons, et la vigueur et l'énergie se chargent du reste; et pas une goutte de sang n'est répandue, et nos jeunes et chers condamnés sont enlevés à la baïonnette.

Notre expédition avait été conduite avec tout le bonheur imaginable, aucun de nous sur le moment ne fut reconnu. Aussi crûmes-nous devoir fêter notre triomphe le lendemain, à quelques lieues de Bordeaux. Nous portâmes trois toasts qui furent secondés avec frénésie : le premier, à notre digne compagne de péril; l'autre, à ces deux intrépides jeunes gens que nous avions, en approchant de leur prison, entendus chanter un hymne de délivrance et de joie, comme s'ils nous avaient devinés; le troisième toast, à celui qui en nous donnant le mot d'ordre avait été cause que, Dieu merci! nous n'eûmes pas besoin d'accompagner le duo des jeunes prisonniers du son de nos *clarinettes*.

La justice s'émut; — quelle sensibilité! — Un coup de main avait été accompli; certainement il devait y avoir du Chodruc là-dessous. On fouilla bien et on eut la satisfaction d'avoir visé droit; car Chodruc-Duclos et un autre *criminel* de cette expédition furent arrêtés à Saintes.

Nous demeurâmes pendant plusieurs mois plongés préventivement dans les chaînes pour cette *affaire de cour d'assises* : cela devait être.

Mais le procès eut une fin; et ce qui n'en aura pas, c'est le tribut de louanges bien cordiales que j'ai voué au célèbre avocat Ferrère, venu de Bordeaux pour nous défendre.

Il faut, certes, de l'éloquence pour faire absoudre d'une bonne action.

CHAPITRE XIII.

CONFITEOR.

Oui, j'ai de la vanité, une vanité mal comprise si vous voulez, mais une vanité au premier chef; et la preuve... ce sont mes haillons.

Si j'avais voulu de la place que m'offrait Peyronnet, place subalterne où j'aurais végété, mon collet, mes parements eussent été brodés ; j'aurais eu de l'or ou de l'argent sur mes habits et pas un sou dans mes poches... Merci de places pareilles. J'ai eu trop de vanité pour en être satisfait, je valais mieux que cela.

Moi ministre, Peyronnet et Martignac eussent été ambassadeurs : il m'aurait été désagréable de les garder auprès de moi. Nous nous serions sans cesse coudoyés ; et par principe, par habitude de jeunesse, comme jadis l'épée à la main, j'aurais voulu, j'aurais revendiqué le premier rang. Peyronnet, à Bordeaux, était mon serre-file ; il l'eût été à Paris, ou bien nous nous serions poinçonnés.

On peut dire de Peyronnet qu'il avait du cœur à la langue... et beaucoup, je vous l'assure.

Quand il allait se battre, il bavardait toujours en route, et il n'était taciturne que sur le terrain. On aurait juré qu'il se battait les flancs pour paraître crâne...

Je sais bien que le silence peut ressembler parfois à la poltronnerie ; mais il est un mutisme qui laisse au regard toute son éloquence, et nulle parole n'aura plus d'énergie que certain coup d'œil.

Je me suis battu dix-huit fois en duel, j'ai tué ; je n'ai jamais été tué, moi, et cependant lorsque je me mettais en ligne, j'ai toujours fais serment à haute voix de ne pas reculer d'une semelle. Mais ce que je puis attester, c'est qu'à la poitrine de mes adversaires je lisais, sans jamais me tromper, si je serais piqué ou si je piquerais.

Je défie aucun de mes ennemis de prouver que je ne me suis pas toujours montré généreux dans une rencontre, et cependant mon sang bondissait dès que la lutte était engagée.

Je me battis un jour pour Peyronnet, qu'un drôle avait appelé *faquin*, et je pris Peyronnet pour second. Arrivé sur le terrain, je ne voulus aucune explication; et lorsque j'eus fait une boutonnière sur la poitrine de mon homme, je dis à Peyronnet le motif de la querelle... Il oublia de me remercier.

Je ne crois pas m'être aligné trois fois pour mon propre compte. En général, j'aimais à me faire comparer aux chevaliers du moyen-âge, aux preux de la Table-Ronde; et lorsque j'étais blessé, il me semblait voir couler le sang de celui dont je prenais la défense.

Puisque je me suis condamné à parler de moi, il faut bien que je dise mes bonnes choses ainsi que mes mauvaises ; et je ne sais pas pourquoi je m'enlaidirais, aujourd'hui surtout que les rides se promènent sur mon visage couperosé.

Je ne vois rien de plus triste au monde qu'un poltron, rien de plus méprisable qu'un lâche. Je plains le premier, je frappe du pied le second. Le premier est malade, le second est gangrené. Il y a remède à celui-là, nul cataplasme ne guérira celui-ci... pas même le cataplasme d'une main sans gant sur sa joue sans rouge.

Me battant un jour avec un capon qui avait résolu de se laisser toujours désarmer dès que le fer serait croisé, je pris une pierre de la main gauche, et je lui dis que je la lui jetterais à la figure s'il laissait tomber son fleuret. Imbécile ! Il a une énorme entaille au nez, tandis qu'il en eût été quitte pour une saignée au bras.

Je me trompe, le sang n'aurait pas jailli de la piqûre : cet homme, appelé Devoix, n'avait pas de sang. Si je le nomme, c'est que dans mon Palais où je le rencontrai, sans faire semblant de le reconnaître, il y a trois ans, il me dépassa; et je l'entendis raconter à un monsieur qui se promenait avec lui, qu'il m'avait infligé une correction... Je fus fâché à cette époque de n'avoir pas de bottes, mes chaussures en lisières ne lui blessèrent que faiblement le bas des reins.

Il ne faut pas croire que les gens qui se battent le plus souvent soient les plus crânes. Non, non. J'ai connu un tapageur dont le cœur palpitait à briser la poitrine dès qu'il avait une querelle, et il en cherchait toujours. Je voulus le tâter une fois... Pas moyen : il caponna comme un mouton, et je lui fis payer un déjeuner sterling. Il faut que celui qui n'a pas de cœur ait de l'argent.

CHAPITRE XIV.

LE GÉNÉRAL LANNES.

Ce serait une étrange erreur de penser que je m'en allai aux cages de la capitale droit sans avoir essayé de toutes les cages usitées dans nos provinces. Dieu m'en est témoin, je n'ai pas l'ombre d'un crime qui pèse sur ma conscience, et j'ai usé à moi seul plus de verrous et de geôliers que vingt criminels ensemble. — Mais ce serait un calcul plus irrationnel encore que de vouloir mesurer toutes les tendresses généreuses et dévouées dont Pauline de Besny éclairait les heures noires de mes captivités. Alors que par les fenêtres de ma prison je pouvais entrevoir un coin de mon ciel natal, j'avais du moins, — ce qui valait mieux que ses lointaines pensées, pourtant si consolantes, —j'avais la présence aimée de cette adorable créature. Il fallait la voir descendre dans mes sépulcres vivants, y glisser pieuse et suave comme une envoyée de l'Espérance, se poser là, bien près, sur mon sein, blanche et pâle comme ces formes séraphiques veillant à la pierre du Christ.

Il fallait la voir se tordre, s'immoler pour jeter un rayon ou chercher une issue à mon cercueil; il fallait la voir, cachant son âme sous son visage, refouler les désolations et les larmes intimes derrière ses épanouissements extérieurs et ses beaux sourires : tout cela pour me verser la résignation, le soulagement, le courage. Ah ! c'est dans de pareilles extrémités que la femme se déploie dans toutes ses ravissantes et magiques harmonies, c'est alors que sa voix laisse tomber en nous de bien précieux dictames, c'est alors qu'une force aveugle et les plus mâles vigueurs se réveillent dans ces natures où la faiblesse n'est qu'un sommeil qui passe au moindre froissement. Croyez-le, quand elles sont inspirées par le cœur, rien ne résiste aux éclatantes déterminations de la femme. Ce caractère, qui plie sous les détails, se redresse jusqu'à l'héroïsme dans les époques solennelles ; et s'il ne surgit pas plus souvent, s'il ne nous prosterne pas dans une admiration plus constante, plus ferme, c'est que nous sommes injustes, c'est que nous avons trop peu de foi en cette main si douce, et si puissante dès qu'elle a touché notre main ; c'est que nous ne voulons pas avouer qu'à nous seuls est la faute, à notre seule manie de leur fermer toute arène, de leur briser tout sérieux élan, si nous ne rencontrons pas à chaque détour de notre chemin un tronçon du glaive de Jeanne d'Arc, un fragment de la hache de cette autre Jeanne qui protégea les murs de Beauvais, la lame du poignard qui fit justice de Marat.

Madame de Besny n'était pas seulement femme d'énergie, elle savait l'art mieux que personne de ces mille petites attentions gracieuses, apanage de son sexe. Il y avait quelque temps que j'étais de retour à Bordeaux, d'où m'avaient arraché les tracasseries de l'autorité, lorsque madame de Besny voulut donner une fête en mon honneur, essayant de me faire oublier, dans les douceurs d'une réunion de vrais amis, tous les désagréments qui ne cessaient de traverser les plaisirs de mon séjour. Elle se mit en quête d'une époque favorable. Vint le jour des Rois, elle ne crut pouvoir mieux choisir; vous allez juger de son choix.

Madame de Besny avait convoqué de nombreux convives pour une collation ou un ambigu, comme vous voudrez, qui devait avoir lieu dans la soirée. Elle me pria de daigner faire, en faveur du gâteau d'usage, une brèche à mes habitudes peu casanières. C'était un peu difficile: je me résolus pourtant au sacrifice, déposai pour gage de mon serment un baiser sur la joue de mon cher et grâcieux amphitryon; puis, afin de compenser néanmoins en tant que possible le temps perdu pour les folies — car, dans les parties joyeuses organisées par Pauline, il y avait toujours une décence et une réserve qui ne m'allait qu'à demi — je résolus d'aller voir pendant une ou deux heures si l'on chômait dignement au Grand-Théâtre la sainte Épiphanie.

C'était alors le règne du Directoire, et l'on représentait ce soir-là la plus chétive rapsodie des cinq parties du monde, une sanglante et niaise épigramme d'à-propos, intitulée, je crois, le *Roi de Cocagne*.

Si j'avais eu tant soit peu la bile échauffée, puis du temps à moi, je me serais volontiers diverti à faire tapage; mais la petite solennité que me préparait madame de Besny ne me permettait pas la mauvaise humeur : plus que tout cela, j'avais promis de rentrer de bonne heure à l'hôtel; c'était annoncer une rareté assez curieuse pour qu'elle méritât mes plus scrupuleuses vigilances. Aussi je me tenais à quatre, et accordais d'avance à la rapsodie tous les laissez-passer désirables.

Les matadors envahissaient le parterre, mon ami Peyronnet en tête. Le général Lannes occupait la loge ex-royale.

La pièce marchait sans encombre, lorsque survint certain passage qui jeta de furieux bâtons dans les roues. L'auteur avait mis dans la bouche du roi de Cocagne ces paroles : « *Tout est musicien, jusqu'à l'âne.* » A peine ces quelques mots venaient-ils d'être prononcés, qu'un vacarme de la plus affreuse cacophonie remua toute la salle. Une foule de jeunes gens s'étaient levés et, se tournant vers le général, lui avaient répété cette phrase, fort innocente en elle-même, dont ils lui adressaient une insolente application. Un concert de huées et de rires peu bienveillants accompagnait l'apostrophe. Je la trouvai, moi, trop indécente et trop niaise pour faire chorus ; mais en revanche Lannes fit appeler main-forte et mettre la main sur les exaltés : en tête des perturbateurs pris au piége s'avança sous bonne escorte Émile Duclos, qui n'avait rien fait ; mais pouvait-on croire qu'un tapage fût possible sans l'éternel boute-en-train, et pouvait-on avoir la cruauté de détacher Duclos de son inséparable Peyronnet ?

Nous fûmes donc signalés comme les chefs

du tumulte. Toute la bande royaliste fut cernée par les Basques et conduite à la prison de la Commune.

Le commissaire était venu droit à moi et avait voulu me saisir lui-même au collet pour donner plus de solennité à l'arrestation générale, en s'emparant du prétendu coryphée. Dès que je le vis approcher, je me mis en disposition de l'accueillir dignement; mais il composa ses allures avec tant de bonne grâce, m'accosta d'une manière si caressante, me harponna d'une patte si veloutée, qu'il me prit un instant fantaisie de me laisser endoctriner. Cependant l'indignation et la légitime colère d'une si injuste mesure envers moi qui suis bien le plus innocent agneau de la terre, rallumèrent le sang dans mes veines; je m'élançais pour répondre aux touchantes allocutions de mon agresseur, lorsque prenant un ton de demoiselle :

— Voyons, monsieur Duclos, vous êtes un fier luron, je le sais.

— Vous croyez, monsieur le commissaire?

— Mais quand vous le voulez bien, vous êtes si bon garçon !

— A qui le dites-vous, commissaire ?

— Eh bien, monsieur Duclos ?...

— Eh bien, commissaire ?

— Savez-vous ce que ferait à votre place un bon garçon ?

— Il ferait ce que je devrais faire, puisque j'en suis un, à votre avis et au mien : il vous prendrait par les pieds et par la tête et vous jetterait dans le trou du souffleur, pour vous apprendre à y voir plus clair quand il s'agira de capturer les remueurs véritables.

— Écoutez, monsieur Duclos, ce sera le sacrifice de quelques heures de violon tout au plus : ne me forcez pas à d'extrêmes rigueurs par votre résistance. Vous êtes au milieu des coupables, mais votre innocence et mes propres démarches vous arracheront à la punition : je ne puis m'empêcher de vous arrêter provisoirement, vous le voyez bien. Pour Dieu ! monsieur Duclos, ne me compromettez pas en essayant de vous soustraire à nous.

— Tenez, tenez, lui dis-je ennuyé de ses cajoleries, si vous aviez tranché du rodomont je vous aurais fait faire une cabriole; puisqu'il en est autrement, je serai plus généreux que vous : me voici de lion devenu mouton, vous pouvez me tondre tout à votre aise. En route.

Et je me laissai conduire avec les autres.

CHAPITRE XVI.

UNE TÊTE DE VIEILLARD.

On ouvrit nos cages, on les ferma plus lestement encore.

Au fond de notre corridor en aboutissaient un autre, puis un autre, qu'il fallait traverser pour nous rendre à la grande cour carrée. Les trois vastes corridors de cette aile étaient une leçon de geôle, un raffinement de pédagogie judiciaire, tant par les noms qu'ils portaient que par l'ordre de leur distribution. Le premier, le nôtre, servait à ce qu'ils affectaient du titre d'*espiègleries;* le second aux *crimes en souffrance,* c'est-à-dire à ceux non jugés : comme si les autres s'amusaient beaucoup dans leurs boudoirs sans air et sans jour, mais à bonnes serrures et à forts verrous; le troisième était réservé, disaient nos emballeurs, aux *crimes attendant leur jugement dernier :* expression pittoresquement brutale, qui signifiait en idiome humain les condamnés à mort. — Quand je dis *humain*, je me trompe; car le supplice de la tuerie est à mes yeux une monstruosité. Traîner à l'abattoir une créature faite à notre image, c'est dégrader notre commune origine, c'est illuminer de la clarté publique l'exemple du mal et les sinistres entraînements; c'est épancher à pleines ondes la source du forfait; c'est le càlme de la cruauté flétrissant la cruauté du délire; c'est le froid égorgeur prêchant à la fièvre le sommeil normal; c'est le sang qui bondit à flots et crie que répandre le sang compte pour une abominable action; c'est le coutelas rouge et fumant qui défend au poinçon de piquer, au stylet de pénétrer; c'est toute une sacrilége anomalie, la faute jusque dans le châtiment de la faute, la barbarie au cœur de la civilisation ; c'est le frontispice de la loi céleste foulé hardiment sous les pieds, devant une page des lois terrestres clandestinement lacérée ; c'est le masque du droit se dressant tête haute contre la prévarication décapitée ; c'est le bourreau levé souffletant le bourreau à terre. On n'est pas seulement un Caïn parce qu'on a renvoyé à Dieu un aimé de Dieu, on est un Caïn parce que, de haut ou d'en bas, d'une planche ou d'un pavé, on a jeté son frère au cercueil.

Debout les piloris, mais les piloris que ne profane pas l'infâme guillotine ! Ce qu'il faut tuer, c'est le crime ; ce qu'il faut guérir, c'est le criminel ; ce qu'il faut garder, rappeler, ressusciter, c'est l'âme.

Je passe de ces tristes réflexions dans le triple couloir dont je vous ai parlé : je vais à la grande cour afin de respirer un peu.

Aux derniers arceaux que j'eus à traverser, je fis halte un instant : une porte lourde, épaisse et de fer s'entr'ouvrait sous les clefs d'un gardien ; une sentinelle veillait sur cette porte. Ma curiosité fut en jeu ; ou plutôt ce n'était point de la curiosité, c'était un élan de sympathie pour quelque mystère douloureux dont je brûlais et tremblais à la fois de découvrir le mot. A coup sûr, puisqu'il y avait apparat et poste militaire en son honneur, notre compagnon de malheur devait être un privilégié de leurs cruels sévices. Il était gardé avec trop de sollicitude pour n'être pas destiné à leurs plus sauvages fantaisies. Malheur quand ils vous tressent la couronne de la glorification, parce qu'au-dessous vous trouverez la couronne du martyre!.. Ces pensées m'accablaient, et mon regard avait pris une fixité morne, vitrifiée; c'était un lac inondé aux profondeurs mélancoliques.

Un rayon du dehors se glissa dans le caveau entr'ouvert; ce lambeau de jour fut salué comme une bénédiction du ciel : deux genoux étaient prosternés sur la paille brunie; deux mains étaient jointes en prière et retenues dans leur essor vers Dieu, par d'énormes et lourds anneaux. Puis, dominant cette attitude d'une résignation pieuse et endolorie, une tête blanche et inspirée, une physionomie sainte, auguste, vénérable, quelque chose du Christ au jardin des Oliviers, un *Saint Pierre aux liens*. Un mouvement involontaire me courba devant cette apparition, que brisa presque instantanément le retour du porte-clefs.

Je m'acheminais désolé, emportant avec moi ce tableau religieux, lorsqu'arrêtant le pas rapide du gardien :

— Quel est donc ce malheureux que tu viens de visiter?

— Un détenu.

— Bah! tu crois? Rusé sorcier, va!

— Oui, monsieur, c'est un détenu.

— Nous le savons, parbleu! bien : on te demande seulement quel est ce prisonnier?

— Un pauvre diable que je ne puis jamais voir sans une grande émotion.

— Pourquoi?

— Il a un air si peu coquin, pour ne pas dire si honnête homme! Et puis je ne vais pas de fois auprès de lui qu'il ne me tienne des discours à me fendre le cœur et à me faire fondre en larmes comme un insensé.

— De qui te parle-t-il alors? De lui, sans doute?

— De lui, jamais; de sa famille, toujours; dn bon Dieu, sempiternellement. Hier encore, tenez, j'entrais causant le moins de bruit possible, parce qu'il m'avait dit que le grincement de mes verrous lui faisait mal. Je le trouvai endormi d'un sommeil si tranquille qu'on eût dit le repos du juste. Il rêva ensuite :

« Le supplice! disait-il, le supplice, à moi! à moi, pour avoir trop adoré ma belle patrie! Le supplice à moi! c'est-à-dire le supplice à tout un groupe de martyrs, à ce pauvre sein de femme si vierge de bonheur, à ces pauvres jeunes âmes de chérubins si vierges de caresses paternelles!... O mon Dieu, mon Dieu! si vous ne m'avez pas épargné, du moins épargnez-les! Si vous m'avez abandonné, par grâce ne les délaissez pas... Une place à votre droite, Seigneur, pour vous supplier dans l'éternité de veiller ces anges de la terre! »

— Vrai, monsieur, je suis habitué aux pleurnicheries, mais non à des angoisses pareillement senties et pénétrantes; je n'en pouvais plus de pitié, les palpitations me suffoquaient : j'eus hâte de sortir; mais avec bien des précautions, pour ne pas l'arracher de son assoupissement.

— Cela est digne et généreux, mon garçon ; je t'en félicite sincèrement, et il serait à souhaiter que tous tes confrères te ressemblassent.

— Comment voudriez-vous, monsieur, qu'il en fût autrement pour un homme dont la position paraît si extraordinairement douloureuse, pour un homme dont la vue seule vous remplit de respect et d'intérêt ? Oh ! c'est alors, monsieur, qu'on gémit avec amertume sur la tyrannie de ses fonctions; c'est alors que notre mission de geôlier nous pèse comme un remords et qu'il nous prend bien souvent le fiévreux désir de soulever contre nous-même l'ardente insurrection, de nous ruer sur les grilles et les chaînes, les rompre toutes, et puis jeter par-dessus les murailles ces trousseaux, notre opprobre ; affranchir nos captifs, conquérir la gloire de leur donner une seconde fois le jour comme ferait un père, et nous en aller par la ville, hardis, déterminés et fiers, aux bras de ces nobles enfants !

— Vos pensionnaires sont pour la plupart des victimes politiques ?

— Tous, monsieur; et nos cellules sont trop étroites encore, pour les curées nouvelles qu'on nous ordonne d'y entasser chaque jour.

— Ah ! je comprends maintenant, mon ami, que vous deviez regretter souvent les pénibles devoirs qui vous sont imposés.

— Y songez-vous, monsieur ! être les agents d'une justice intraitable, aveugle, barbare ! les ministres de l'iniquité, les suppôts de la basse rancune ! les instruments, non pas d'un combat loyal et magnanime, armes contre armes, cœur contre cœur ; mais d'un combat lâche et félon, rien contre cœur, le glaive haut sur des désarmés ! Ce glaive a été remis en nos mains, ordre nous a été donné de le retourner à chaque heure dans la plaie ! nous à qui ces héros domptés par les piéges n'ont rien fait jamais, que nous donner comme à tous l'exemple du courage et de la dignité. On nous a érigés en surveillants de créatures humaines, en tourmenteurs d'hommes, en étouffeurs de braves. On nous a faits, monsieur, les suppléants, les aides du bourreau. A nous de lui préparer sa proie, à nous son office d'abomination là où s'arrêtent ses droits impitoyables. Ah! n'est-ce pas, monsieur, que si dans la condition de nos prisonniers il déborde bien des amertumes sanglantes, dans la condition de leurs gardiens il doit s'étouffer bien des sanglots poignants, auxquels nul ne compatit parce qu'il est défendu de les faire entendre à personne? Ah ! n'est-ce pas, monsieur, que bien souvent la captivité souffrante est préférable mille fois à la liberté qui fait souffrir ; qu'il n'y a pas ici une classe unique de condamnés, qu'il y en a deux, et que les plus à plaindre c'est nous? Honte et malheur! guichetiers! guichetiers! les valets des valets de la justice de ce siècle, c'est-à-dire les valets des valets de la vengeance!

— C'est pour cela qu'il faut accepter la tâche qui vous a été confiée, c'est pour cela qu'il faut vous la rendre légère et méritoire, parce qu'elle vous permet d'approcher tant d'honorables calamités et de les consoler par les soins d'un généreux dévouement.

— Oui, monsieur, vous avez raison : c'est une bien douce compensation aux rudes exigences de notre ministère, que le pouvoir d'apporter de loin en loin un soulagement à ceux que l'on nous charge de faire plus malheureux encore.

— Et tu dois en chercher, je suis sûr, les moindres occasions avec un actif empressement?

— Comme on cherche un bonheur.

— Si je t'offrais ce bonheur?

— Je l'accueillerais avec reconnaissance.

— Je puis donc oser en toute sécurité?

— Comme si vous parliez à un ami.

— Eh bien! il y a moyen peut-être d'adoucir une captivité à laquelle tu t'intéresses tout spécialement.

— La vôtre?

— La mienne m'importe peu.

— Laquelle?

— Celle que tu as visitée tout à l'heure.

— Dieu m'est témoin que j'en bondirais de contentement.

— Ainsi je puis compter sur toi?

— En douter serait un outrage.

— Quand vas-tu près de ce vieillard?

— Trois fois par jour.

— Tu y es allé déjà?...

— Une seule fois.

— La seconde?

— Dans quatre heures.

— Je serai ici.

— Chose convenue.

CHAPITRE XVI.

PRÊTRE ET MARTYR.

J'étais arrivé au lieu de nos *récréations*, lorsque le guichetier prit congé de moi. Il me sembla doux de prendre l'air après ces troubles intérieurs ; mais je ne m'en tins pas moins à l'écart de mes compagnons, et je me promenai seul comme un loup, tordant par tous les sens et l'oppression qui me bouleversait, et les efforts que je prétendais hasarder pour alléger, s'il était possible, la destinée de mon vénérable inconnu. Dès que je sentis mes poumons un peu moins contractés sous la brise, je rentrai ; puis saisissant une plume :

« Par les années vous êtes mon père, vous êtes mon frère par l'infortune. A cause de cela je sais que je vous aime, je ne sais pas pourquoi je vous admire. Je vous ai vu priant le ciel, sans doute pour la liberté : voilà que je prie le ciel avec vous, voilà que j'implore votre liberté. J'éprouve tous ces sentiments, je ne les explique pas. Il doit y avoir en vous la trempe d'un homme fort, puisque je m'incline ; et celle d'un être malheureux, puisque je vous offre le cœur et le bras d'un ami. Acceptez cet ami, si vous l'en jugez digne, et dites-lui qui vous êtes ; il est digne de votre confiance comme de votre amitié : s'il va au-devant de l'une et de l'autre, c'est qu'il y cherche un bénéfice pour son âme, un bénéfice, peut-être, pour votre existence... Il y a en tout ceci de la volonté providentielle ; qui saurait prévoir le but mystérieux de ses arrêts infinis ? Honneur et salut, mon père. Consolation, mon frère. »

Je me rendis au couloir où je m'étais rencontré avec le porte-clefs ; un instant après nous nous retrouvions encore :

— Ah! c'est vous, monsieur?

— Tu vois que je ne laisse pas languir les louables dispositions de braves gens comme toi.

— Eh bien! que désirez-vous? Qu'avez-vous résolu? Que faut-il faire?

— Il faut me procurer les facilités de communiquer avec ton prisonnier.

— C'est impossible : vous savez s'il est tenu de près.

— Non pas en nous faisant trouver ensemble : je ne veux point te compromettre, ce serait mal récompenser ta bonne grâce; je ne demande qu'un expédient pour m'entretenir avec lui par correspondance. Cet expédient est peu de chose, et serait d'une grande efficacité, peut-être, pour calmer les tourments de ton protégé.

— Vous le connaissez?

— Je ne l'ai jamais connu; mais je comprends les nobles souffrances, et je devine que la sienne est noble, je la pleure de toute mon âme.

— Oh! vous êtes bon, monsieur, et j'aurai

double plaisir à faire quelque chose pour lui, puisque ce sera vous rendre un service commun.

— Tu veux donc bien consentir à te charger de cette première missive ?

— Comme si je lui portais son ordre d'élargissement.

— Et ce soir je reviendrai te demander une réponse ?

— Vous l'aurez.

— Ta main ?

— Dans la vôtre ?

— Dans la mienne.

— Oh ! monsieur !

— Entre tous les hommes de cœur et d'honneur, il y a égalité devant le ciel.

— Alors, monsieur, je n'ose plus refuser, je me courbe et suis fier de mon privilége.

— Ton autre main ?

— Encore ?

— Et va dire à notre affectionné que ce second témoignage d'attachement est pour lui : qu'à son tour il ne le dédaigne pas.

— J'y cours, monsieur, et jamais mission

dans le monde n'aura été remplie, je vous le jure, avec une si pieuse fidélité.

Je m'en allai attendre le résultat; et quand huit heures sonnèrent, j'étais au rendez-vous. J'avais eu raison d'espérer, car il me fut remis tout un paquet. Je me hâtai de regagner ma chambre, et, les cachets enlevés, je lus ce qui suit :

« Vous êtes mon fils en Dieu; vous êtes mon frère en Jésus-Christ, le prince des martyrs. La main que vous m'avez tendue, je la saisis avec transport, je la serre avec effusion. Merci d'être venu à moi, merci d'être venu aujourd'hui : trente-six heures de plus, il était trop tard. En sortant de mon cachot, j'emporterai du moins le parfum si suave, mais si éphémère, hélas! d'une âme généreuse. Nous ne devons plus nous retrouver désormais sur la terre; mais nous nous reverrons un jour là où les persécuteurs ne peuvent point arriver. Alors Dieu nous remettra, j'espère, en présence l'un de l'autre, et il m'aura été donné de vous rendre au centuple, par mes prières là-haut, l'heure d'intimes béatitudes que vous avez épanchée dans mes dernières amertumes d'ici-bas. Ne pas satisfaire au désir bienveillant que vous exprimez de me connaître davantage, serait une ingratitude que je ne veux point me reprocher. Vous trouverez joint à ces lignes un fragment de mon pauvre Calvaire : puisse-t-il vous inspirer la sainte et forte patience ! puisse-t-il vous faire verser un peu de la tendre sympathie que vous aviez daigné m'offrir, sur les têtes si chères, si pures, si éplorées, qui dans deux jours se prosterneront au pied de mon supplice ! Adieu, jeune homme ! adieu ! le vieillard vous salue, le mourant vous bénit ! Nous nous reverrons au ciel ! »

Je déployai, tremblant d'émotion, les courtes pages qui accompagnaient son épître :

« Mon nom est Borde : je suis prêtre émigré, j'ai une femme, trois enfants; et pour pays Lussac, petite ville du Poitou.

» Lorsque les poursuites contre le clergé commencèrent à devenir plus actives et plus rigoureuses, il me fallut songer non pas tant à ma conservation, que je remettais aux mains du Seigneur, mais à l'existence de ma famille que ma mort aurait tuée. Dans un adieu plein de larmes, je pris congé de ma femme et de mes enfants; et, mon bâton de voyage à la main, caché le jour, marchant la nuit, je me dirigeai vers l'Espagne.

» J'étais dans un des plus beaux pays du monde, à l'abri des périls, vénéré de mes nouveaux concitoyens. Mais comme tout cela était loin encore de ma douce et chère patrie! Les brises les plus délicieuses me semblaient un poison; les plus caressantes paroles, un foudroyant anathème; le parfum des plus suaves consolations, un parfum sépulcral qui me venait de France. Chaque mantille qui passait légère et gracieuse me rappelait la compagne aimée qui pleurait là-bas; chaque enfant qui glissait devant moi mouillait mes yeux à cause de ces pauvres enfants laissés derrière moi... Et puis cette pensée déchirante : « Où sont-ils maintenant? existent-ils toujours? les retrouverai-je en ce monde? » oh! c'était un supplice de tous les jours, de toutes les heures, de tous les instants; c'était un cœur se brisant sous des angoisses infinies; c'étaient d'intolérables tortures; je n'y pouvais plus tenir. L'horizon natal m'appelait de toutes ses grandes voix ; je voulus en finir avec tant d'écrasantes oppressions... je voulus revoir mon berceau, le berceau de mes enfants chéris ; le temple saint où leur mère m'avait juré un serment qu'elle me garda entourée de si pieuses affections. Je quittai Malaga, l'Andalousie, l'Espagne... et je courus vers la France.

» Dès que je touchai le sol de la patrie, je laissai tomber mes deux genoux à terre, et, la poitrine et les yeux inondés d'émotion, je couvris de baisers cette terre d'élite ; puis je tendis les bras vers Dieu, lui rendant mes actions de grâces, et lui demandant à grands cris de ne pas me laisser mourir sans avoir retrouvé ma femme et mes enfants.

» Je continuai ma marche avec non moins de vigilance qu'à mon premier voyage; enfin j'arrivai un soir fort tard chez un ami dévoué de ma petite ville de Lussac. Ma femme ne l'habitait plus, elle avait été contrainte de se livrer à quelque branche de commerce pour faire vivre ses enfants; elle était partie pour Bordeaux.

» Sans autre indication plus précise, je me remis en route pour me réunir à eux, et depuis quinze jours déjà je me livrais aux plus actives recherches dans toutes les places, les promenades, les rues les plus fréquentées; mes efforts étaient inutiles. Je m'étais procuré, afin d'être moins facilement reconnu, le costume d'un garçon de bains.

» Je me promenais et cherchais toujours, lorsqu'un de mes anciens camarades passa auprès de moi. Je l'abordai, lui confiant ma position, mes anxiétés; il eut l'air d'y compatir, ajouta même qu'il savait la demeure de ma femme, de mes enfants, s'offrit à me guider vers eux.

» Cet ancien camarade, cet ami, ce compagnon de mes plus jeunes années, cet homme qui venait encore de me serrer la main, de me retremper dans les plus doux souvenirs de notre vieille affection, cet homme avait été perdu par les passions politiques; cet homme était un misérable, un infâme, un traître qui, n'écoutant plus que la voix du fanatisme, ou, ce qui serait plus lâche encore, se laissant emporter par le vil appât d'un salaire, me conduisit, non pas, hélas! aux bras de mes enfants; mais à l'hôtel du farouche proconsul!

» Mon procès a été rapidement instruit; j'ai été jugé, condamné...

» Après-demain, monsieur, vous aurez dans les cieux un ami qui priera pour vous, et sur la terre une parole de soulagement à donner à ma pauvre veuve, si vous la rencontrez jamais; un baiser paternel à reporter sur le front de trois pauvres orphelins. »

J'achevais à peine cette lecture et j'allais me livrer aux graves et généreuses méditations qu'elle me suggérait, lorsqu'un petit coup fut frappé à ma porte. Je pestai contre l'importun, lui criai d'entrer d'une voix assez revêche; mais je n'eus pas plutôt entrevu la divine silhouette qui se faufilait vers moi, que je changeai ma mine maussade pour m'épanouir de bonheur...

C'était Pauline de Besny qui, elle, me sautait au cou en m'inondant de ses larmes.

— Voyons, voyons, qu'est-ce que cela signifie, ma petite Pauline? Pleurer! pleurer comme une enfant, comme une femme vulgaire! Voilà qui fait grand honneur à ton courage!.. Ah! je ne te reconnais plus, ma chérie! Ne dirait-on pas vraiment que je suis accusé d'une monstruosité; que je monte ce soir même à l'échafaud? Il ne s'agit pas de faire la pleureuse, il faut agir, il faut sauver un malheureux!

— Oh! oui, je veux te sauver; oh! oui, je ne veux pas que tu restes un jour de plus dans ces murailles maudites. Dis, ordonne, que faut-il faire?

— Il est bien question de moi! Chercher à m'évader lorsqu'on ne peut tarder de m'apporter mon brevet de délivrance! Je serais fou; et puis il y a quelqu'un ici qui vaut autant que moi, qui est dans un plus grand embarras que moi; j'ai résolu de faire tout pour l'en sortir.

— Prends garde au moins de ne pas te compromettre.

—Que m'importe! D'ailleurs, j'espère bien, ils ne me tueront pas pour les avoir empêchés de tuer un honnête homme. Vois-tu, ma petite Pauline, il y a là un père de famille qui n'a rien fait, sinon de ne pas penser comme tous ces gredins qui l'ont condamné à mort; un pauvre diable qui doit être fusillé après-demain; et tu conçois que de si détestables cruautés ne doivent point se passer à ma barbe.

— Je t'aiderai, mon ami, je t'aiderai ; puis je prierai Dieu pour toi, car tu dois te rappeler, tu as eu à souffrir il y a bien peu de temps encore pour un pareil acte de générosité.

— Je ne m'en souviens plus. Ce dont tu auras à te souvenir, toi, seulement, c'est de venir ici dès demain et de m'apporter mon poignard et des cordes.

— Mais cela est bien difficile, par quel moyen te les apporter?

— Est-ce que je le sais, moi?

— Mon Dieu! comment m'y prendre?

— Tu demandes la meilleure manière?

—Eh! oui.

— C'est de t'arranger... comme tu voudras.

— Allons, je tâcherai.

— Tu feras mieux encore, tu réussiras, il le faut.

Notre conversation fut interrompue par mes *co-empoignés* qui venaient m'avertir qu'ils avaient organisé pour le lendemain, à deux heures de l'après-midi, un déjeuner auquel assisteraient les parents et les amis du dehors, et auquel on se priverait de porter un toast à la santé du général Lannes.

— Ma tout aimée, dis-je à Pauline, voici des lurons devant lesquels je ne veux pas que tu paraisses long-temps avec les yeux rouges, ta gentillesse y perdrait quelque chose, et aussi ma propre réputation de fermeté. Va régler les plans de ta bonne action. Si tu es adroite, tu as demain une occasion délicieuse, saisis le moment où entreront tous nos invités.

A l'heure dite, couverts et convives étaient à leur place. Nous avions cru distinguer à diverses reprises déjà un tumulte lointain : nous nous en étions peu occupés d'abord, mais le bruit s'était graduellement étendu de notre côté, mes amis se figurèrent qu'on venait peut-être dans l'intention de troubler notre joyeux festin et de nous arracher nos conviés ; on se prépara aussitôt à faire bonne contenance. Une autre inquiétude s'était emparée de moi : je craignais qu'on n'eût surpris, découvert la ruse de Pauline, et que ces clameurs ne fussent des grognements de cerbères, sorte de gens qui, on le sait, ne sont pas toujours d'excellente compagnie.

Quoi qu'il en fût, nous nous levions pour aller voir ou pour nous informer, lorsqu'on heurta au seuil du banquet.

Chacun de nous s'arme d'une assiette, d'un plat, d'une carafe, d'une bouteille, pour répondre à la force par la force.

Une soupière à la main, je vais ouvrir moi-même, afin de me tailler sur les arrivants la part du lion...

Pauline entre effarée.

— Je regarde dans les couloirs pour m'assurer qu'elle n'est pas suivie, je ne vois personne, et, retournant à elle :

— Qu'as-tu ? qu'as-tu ? fis-je d'un ton de fureur. Que t'a-t-on fait ? Parle.

— Je ne puis parler devant ce monde, reprit-elle d'une voix basse et tremblante.

— Alors viens. — Pardon, messieurs, dans dix minutes je suis à vous.

Je l'entraîne dans une chambre voisine, et quand elle fut assise :

— Écoute : j'ai la tête perdue. Tout à l'heure je pénétrais au geôle avec les instruments de délivrance que tu m'avais demandés... Le gardien m'envisage des pieds à la tête, et comme d'un air de défiance qui m'a fait courir le froid dans les veines. Je me trouble, je pâlis, je chancelle, je me soutiens au mur... — Qu'as-tu, citoyenne ? — Rien, rien... j'ai beaucoup marché pour n'être pas en retard; je suis lasse, voilà tout... — Et je rassemble tout ce qui me reste encore de vigueur, franchis le plus vite possible la distance qui me séparait de vous... et je suis sauvée... Je suis heureuse, puisque j'ai rempli tes désirs.

— Tu es sûre de n'avoir pas même excité les soupçons ?

— Très-sûre.

— Mais où donc as-tu mis le poignard et le paquet de cordes ?

— Les cordes sous ma robe, le poignard dans mes cheveux.

Je pris et déposai ces objets dans un angle de la chambre, afin de les retrouver après notre collation.

—Nous avions entendu, il y a un instant, un vacarme épouvantable : quel était-il, et d'où venait-il ?

— J'allais te le dire. Depuis votre emprisonnement une grande exaspération règne dans la ville ; et tout à l'heure, pendant que je passais devant les fenêtres du général, un rassemblement de jeunes royalistes y demandait à grands cris votre liberté; menaçant Lannes, en cas de refus, de ne pas le laisser sortir vivant de Bordeaux.

— A la bonne heure ! voilà de vrais camarades ! Et qu'a répondu le général ?

— Nulle réponse n'avait été faite encore dans les quelques instants que j'attendis avec la foule; puis, comme j'avais hâte d'arriver afin de ne pas manquer nos projets, j'ignore si la démarche aura obtenu un résultat.

— Bah! bah! ce serait céder à l'intimidation, ce serait une rétractation publique de sa conduite envers nous; le général ne doit pas mettre les pouces, il ne les mettra pas. — Mes amis! mes amis! m'écriai-je en ouvrant la porte, il ne faut pas oublier ceux qui ne nous oublient pas. Il paraît que dans Bordeaux on s'occupe de nous, on fait presque de la sédition en notre honneur. Un toast à nos braves camarades!

— Oui! oui!

— Un toast à la belle messagère de la bonne nouvelle!

— Oui! oui!

Nous venions de porter pour cette seconde fois nos verres à nos lèvres, lorsqu'une figure agréable comme une porte de prison se glissa auprès de nous :

— Messieurs, vous êtes appelés au greffe.

— A merveille, repris-je : voici la première heure un peu amusante que nous passons ici, les gredins sont capables de nous la faire payer cher. Allons, Pauline, votre bras; et vous, mes amis, prenez votre mine de saint recueillement, vous allez entendre le sermon.

Je voulais m'emparer des cordes et du poignard que j'avais cachés ; mais le geôlier m'eût aperçu : je me retirai, me promettant bien d'y revenir aussitôt notre mercuriale administrée.

Je m'étais trompé.

— Messieurs, nous dit-on à notre entrée au greffe, le général Lannes a envoyé votre ordre d'élargissement : vous êtes libres.

Pauline et mes amis tressaillirent de joie ; mon cœur se serra de tristesse ; car cette libération inattendue me mettait hors d'état de sauver la vie au pauvre prêtre. Je ne voulus pas, à ce prix, de ma liberté. Rêveur, j'accompagnai mes camarades jusqu'au seuil; et là, donnant un baiser à Pauline, une poignée de main à mes amis, je me retournais afin de gratifier d'un joli soufflet le concierge de la prison, uniquement pour me faire admettre de nouveau parmi ses pensionnaires... un grand et noir escogriffe me retint en me présentant un papier barbouillé de timbre, et disant :

— Au nom de la loi, je vous arrête.

— Qu'est-ce que ce chiffon de papier?

— Un acte d'accusation.

— Contre moi?

— Contre le sieur Émile Chodruc-Duclos.

— De quelle faute est-il coupable?

— Du crime d'assassinat!

Pauline se trouva mal.

On me jeta au secret, toute communication possible me fut interdite.

Le lendemain matin un vaste bruit, une détonation, une décharge se fit entendre à mes oreilles...

Le malheureux Borde était fusillé.

Trois mois après, les cloches sonnaient à grandes et lugubres volées, un cortége funèbre passait devant les grilles de mon cachot....

Je m'agenouillai.

Le jour suivant, je recevais cette lettre :

« Monsieur,

» Je viens accomplir près de vous le vœu d'une mourante. Cette mourante, Dieu a voulu la reprendre parmi ses élus. Madame de Besny est morte dans mes bras et dans ceux de sa malheureuse fille, aujourd'hui sœur novice dans notre retraite ignorée; madame de Besny est morte aussi en me recommandant tout bas de vous porter des adieux qu'hélas! vous n'avez pu entendre. Les médecins ont dit que, chez cette infortunée, l'âme avait brisé le corps; elle s'en est allée prier pour vous, monsieur : priez pour la pauvre défunte.

» Sœur MÉLANIE. »

CHAPITRE XVII.

L'ASSASSINAT.

Autour de moi un cachot et des fers; sur moi l'accusation de scélérat, de meurtrier; devant moi trois cercueils!..

Une femme, un ange, tuée par les émotions; tuée avant d'avoir vu proclamer mon innocence; tuée par moi, puisque ses souffrances venaient de mes malheurs!

Un prêtre, un vieillard, un saint tué par le martyre; tué par moi, puisque sans mon arrestation il était peut-être sauvé!

Un homme tué par des assassins, tué par moi, disait-on...

Oh! je défie la plume, le pinceau et la tête de rendre toute l'horreur d'une telle situation! Au cœur seul, et au cœur brisé par lambeaux comme le mien, au cœur seul appartient ce déplorable privilége.

Je voulais joindre une tombe nouvelle à ces trois premières tombes; mais le monde, que croirait-il? Le monde croirait que je me sauve de lui pour ne pas finir sur un échafaud. Non, non, il faut se montrer fort et droit en face des plus affreuses indignités; il faut se faire publier innocent devant les hommes, ou porter courageusement à Dieu mon dernier recours de justice.

Maire de Toulouse pendant la terreur, un monsieur Groussac s'était fait des ennemis mortels par ses extrêmes sévérités. Le Directoire survint, et les ressentiments ne se calmèrent point, les haines s'envenimèrent par le temps.

Il s'apprêtait un jour à monter dans la malle-poste pour aller de Bordeaux à Toulouse, lorsqu'il reçoit avis qu'on en veut à son existence, qu'il y a guet-apens contre lui;

qu'il diffère son voyage, ou bien il est perdu.

Il n'écoute rien, il part.

A une lieue de Bordeaux la chaise est arrêtée. Il regarde pour savoir quel obstacle empêche d'avancer.

— Descends, lui crient trois voix en même temps; descends de bon gré ou de force. A terre sur-le-champ, ou tu es mort.

Il descendit.

— A genoux! lui crie-t-on, à genoux pour nous demander pardon des crimes de ta vie de magistrat.

On l'agenouilla, il implora son pardon.

— Et maintenant—car voici ta dernière heure—et maintenant si tu as une âme, remets ton âme à Dieu.

Il remit son âme à Dieu.

Et trois assassins poignardèrent cet homme.

Et c'est dans une pareille lâcheté qu'on ose m'assigner ma part. Le sang me bondit encore d'y penser.

Je fus donc refoulé dans un hideux cachot par un guichetier plus hideux encore, s'il est possible. Ce coquin m'avait poussé, en entrant, d'une manière si brutale que mon humeur, assez aigrie déjà, s'anima d'une irritation terrible. Je m'élançai sur le premier objet qui se trouva sous ma main : une cruche, je crois. Le traitant de valet, je la lui brisai sur la tête.

Comme s'ils s'échappaient de dessous terre, cinq gendarmes se présentent. Je cours à l'un d'eux, lui arrache son sabre, et me posant en garde au milieu du couloir :

— A qui osera m'approcher! A celui qui aura du cœur!

Ils étaient cinq, ils n'eurent pas du cœur comme quatre, pas même comme un; ils prirent la fuite.

Procès-verbal fut dressé, main-forte commandée pour me conduire au château du Hâ.

Je n'avais certes nul désir d'évasion; mais une occasion s'offrit à moi si subite et si favorable que je ne résistai pas à m'en emparer.

Quelques jours après mon transfèrement, on était venu me chercher pour m'accompagner à l'interrogatoire. Deux gendarmes, chargés de l'escorte, m'avaient fait monter dans une voiture et placé au milieu d'eux. Un ressort de portière était usé, la portière s'ouvre tout à coup... La tentation était séduisante. D'une main je saisis la poitrine de l'un des exempts, à l'aide de mes reins je presse le second contre le coffre, et me voilà déjà loin... courant comme un daim vers les allées d'Albret.

— Au voleur! au voleur! crient mes perfides pour donner le change à la foule ameutée...

Le fugitif avait disparu.

Je m'étais glissé dans les décombres d'une maison démolie, où j'espérais attendre la nuit.

Mais un enfant m'avait vu me blottir dans ma retraite :

— Il est là! il est là!

J'étais trahi par ce gamin, qui à coup sûr doit être devenu mouchard ou sergent de ville.

Une force supérieure est amenée contre moi : je me défends comme un lion dans son antre... Malgré la vigueur de mes poings, je rends une nouvelle visite au fort du Hâ.

Quatre mois de détention furent le prix de cette escapade.

L'affaire sérieuse fut instruite; un irrécusable alibi prouva qu'au moment de la perpétration du crime, à une lieue de la ville, je dînais dans une maison de Bordeaux. Un magnifique et solennel *considérant* me rendit à la liberté.

Un *considérant* en échange d'une accusation capitale !..... Voilà pourtant la justice de la terre.

J'étais fatigué, harcelé de ses embûches; je voulus voir si elle prenait ailleurs de plus équitables formes, de plus loyales allures; je voulus l'étudier dans l'autre monde d'ici-bas, le monde des océans.

CHAPITRE XVIII.

ME VOICI CORSAIRE.

———

J'avais trop labouré cette terre si riche en moissons de toute espèce, fruits, légumes et vices, pour que je ne fusse pas tenté d'étudier un peu les grandes beautés des flots.

Il y a bien là-bas des roches qui vous arrêtent dans votre course, des fleuves qui vous opposent leurs barrières, des montagnes qui se dressent devant vous avec leurs flancs noirs et leurs cimes neigeuses, des gendarmes et des mouchards qui vous appréhendent au collet et s'opposent à ce que vous jouissiez des rayons du soleil ; mais qu'est-ce que tout cela en comparaison des caprices, des vicissitudes, des irritations et des rugissements de la mer ?

Ici tout est imposant, magnifique, sublime. Les calmes vous clouent immobile comme sur une roche sous-marine ; et quand là-haut tout se lève, monte et descend, vous seul êtes stationnaire au milieu du vaste cercle qui vous emprisonne.

Et les ouragans !.. dans cette crise ardente de la nature où le vent porte au sein des nues ses vagues écumeuses, où la foudre se joue en zigzags éblouissants au milieu de vos mâts brisés et de vos voiles en lambeaux, où le navire gémit et s'ouvre, où la lame moutonneuse ouvre sa gueule pour vous dévorer, où la voix de la tourmente étouffe celle du capitaine, où la nature entière semble retomber dans le chaos... voilà les beaux spectacles qui grandissent l'âme, et montrent l'homme dans toute sa puissance !

Il est là, lui, debout, cramponné à une manœuvre, étudiant le flot qui le couvre de bout en bout, évitant la roche qui va le broyer, et guidant jusqu'au port et au milieu des récifs sa coquille de noix aventureuse.

Il fallait donc un peu de mer à mon ardente curiosité; je dis plus, il m'en fallait beaucoup pour me mettre à l'abri des poursuites incessantes dont j'étais l'objet; car, je l'avoue, j'aimais bien mieux les typhons et les trombes au sein du vaste océan que la tranquille monotonie et les lentes heures d'un cachot.

En partant de Bordeaux, ma ville de désastres, je me dirigeai vers la Teste, à travers les landes sauvages qui cerclent la plus belle cité de France. Après les landes viennent les sables amoncelés; après ces sables amoncelés, l'Atlantique.

Je me logeai chez un brave homme appelé, je crois, Berton, ou Breton, ou Delacroix, ou Champagne, peu importe, le nom ne fait rien à l'affaire. Je lui dis qui j'étais; il me salua comme il aurait salué son roi, ou plutôt comme il aurait salué son empereur; puis, m'offrant cordialement sa table, il me dit d'en user à loisir... J'acceptai.

Après souper, car j'étais arrivé chez lui à la nuit close, je lui demandai avec une sorte d'indifférence, — je craignais qu'il ne me soupçonnât fugitif — s'il y aurait moyen, le lendemain, de faire une promenade sur mer. — Parbleu! me répondit l'amphitryon, je vous la ferai faire aussi longue que vous voudrez. J'ai là-bas hissé sur la plage ma fringante chaloupe, et je compte bien avec elle aller jusqu'à Rochefort sans craindre les vents du large. Mon fils seul m'accompagne, un brave garçon de neuf ans et demi, qui vous tient déjà un gouvernail comme vous tenez une épée; marmot sans peur au milieu des rafales, et qui vous embouque le goulet comme s'il avait déjà fait le tour du monde. Donc, si vous voulez être des nôtres, cela fera trois.

— Que me prendrez-vous pour cela?
— Votre main, si vous voulez me la donner.
— Oui, mais à une condition.
— Laquelle?
— C'est que je vous la présenterai fermée, que je la retirerai ouverte.
— Alors, rien de conclu, je ne veux pas

d'argent : votre amitié me suffit, monsieur Duclos, et je tiens à vous prouver, à vous royaliste enragé, qu'il y a du bon aussi chez beaucoup de républicains.

— Mais la république est morte.

— Du tout, elle sommeille, un coup de canon la réveillera.

— Va pour la traversée gratis, puisque, d'accord cette fois avec moi, vous répudiez le présent et comptez sur l'avenir.

Le lendemain, avant le jour, nous lançâmes la chaloupe à flot; elle prit aisément le large, protégée par le jusant. Le petit bonhomme était à la barre, le père à l'écoute, et moi je voyais fuir la terre avec amour.

Favorisé d'abord par la brise, nous filions nos sept nœuds avec aisance, et le lendemain nous espérions entrer à Rochefort. Mais, le vent calmé, la toile coiffa le mât, et nous armâmes nos avirons pour faire un peu de chemin.

Voici déjà un des nombreux agréments des voyages sur mer. Quelques lieues vous séparent à peine d'une relâche, une brise légère vous y eût poussé en peu d'instants, et, grâce au caprice de l'atmosphère, vous êtes contraint d'attendre des jours, des mois, qu'il plaise au ciel de vous faire bonne route.

Ce bonheur nous manqua, la rafale de terre souffla bientôt avec une grande violence, et le petit bonhomme, intelligent comme un vieux gabier, intrépide comme un pêcheur de baleine, dit en souriant à son père :

— Je crois bien que nous ferons sagement de ménager nos vivres, car la bourrasque va taper dur; il vente déjà à décorner des bœufs ; et si cela continue, nous irons pêcher la morue sur le Banc de Terre-Neuve.

Le petit avait raison ; et la chaloupe, soulevée comme un flocon d'écume, glissait, volait et tournoyait incessamment, prête à être engloutie sous chaque attaque de la vague furieuse.

Dussiez-vous m'accuser de forfanterie, j'écrirai encore avec vérité que j'aimais mieux ce désordre des lames bouillonnantes que l'uniformité endormeuse de nos grandes villes.

Cependant le danger devenait pressant, et l'avenir s'ouvrait à nous avec toutes les horreurs qui escortent de pauvres matelots abandonnés au milieu de l'océan, sur le canot témoin du désastre de leur vaisseau.

La rafale avait si souvent changé de direction que nous ne savions plus si nous courions au large ou sur la terre, quand un navire se montra courant, à sec de voiles, à notre avant. Il vit nos signaux de détresse, piqua sur nous, et nous eut bientôt atteints. Des amarres nous furent jetées; chacun de nous s'en saisit, et après avoir échappé comme par miracle à la mort qui nous environnait de toutes parts, nous arrivâmes, transis de froid, accablés de fatigue, sur le pont de *la Flèche*, où nous fûmes accueillis avec humanité.

La première leçon avait été bonne, l'attaque rude, le danger imminent. Pour d'autres c'eût été un motif de découragement, pour moi c'en fut un de persistance. Combattre les hommes et les choses avait été ma vie, et je ne voulais pas renoncer à mes premières habitudes.

La Flèche était un brick corsaire bien armé, bien équipé, filant ses quinze nœuds avec une brise carabinée, grand largue.

Vingt-cinq hommes y compris le capitaine et une sorte de vétérinaire amputeur qui se faisait appeler chirurgien. Le brick ne tenait la mer que dix à onze mois pendant l'année; ses prises, il les emmenait à Rochefort, à Brest ou à Nantes, et de nouveau il courait au large dès que la vente était faite.

Le langage de ces sacripants était un idiome à part, même parmi les gens de leur métier; vous l'eussiez dit composé tout de *b...* et d'*f...* Pas une phrase n'était prononcée, pas une manœuvre n'était exécutée sans un de ces énergiques jurons de quinze à dix-huit syllabes qui font sourire les damnés dans leur éternelle marmite.

Et puis, quels combats entre eux! Quels déchirements! Le sang coulait par plus d'une entaille après chaque repas, après chaque sommeil; et il était aisé de deviner que la vie de ces êtres, dans les veines desquels le bitume coulait à flots, s'épuiserait avec dégoût dans le silence et l'immobilité.

On les avait ramassés dans la rue au sortir

des cachots ou dans les cabarets enfumés d'où ils ne s'exilaient d'ordinaire que pour aller tomber, privés de sentiment, au milieu des ruisseaux ou au coin des bornes.

Quant à lui, le capitaine Bernard, vous eussiez dit au premier coup d'œil un homme incomplet, un fœtus, une pensée inachevée. Il marchait lentement, il parlait lentement, il fumait lentement. Bernard aurait voulu retenir le temps qui allait trop vite, la fumée de son cigare qui se perdait trop promptement dans les airs, son brick volant trop hardi sur les flots, la dorade ou le marsouin qui envahissaient trop activement les horizons, et la brise qui soufflait trop fort dans ses voiles.

Bernard avait pourtant un côté qui donnait un démenti à tant de quiétude. C'était le côté droit. Sa main avait la rapidité de l'éclair; et quand il gesticulait sur les épaules d'un matelot récalcitrant, le châtiment suivait de si près la menace qu'il était impossible d'éviter celui-là quand celle-ci avait parlé. Chacune de ses péroraisons était un coup de garcette, et chaque coup de garcette une rigole. S'il lui arrivait de punir plus vigoureusement, c'était toujours avec un flegme, avec un air de bonhomie qui faisait croire au regret de sa sévérité.

Bernard, en un mot, était un bon tigre.

Je vous l'ai dit, nous fûmes accueillis par *la Flèche* avec une bonté toute particulière; et comme il eût été fort difficile au brick de nous ramener chez nous, comme d'ailleurs il avait eu vent du passage, près des Açores, d'un des navires de la Compagnie :

— J'en suis fâché pour vous, et bien aise pour moi, nous dit Bernard de sa voix flûtée, mais vous allez m'accompagner. Le petit, qui est gentil comme une poulaine neuve, fera la cuisine; et vous deux, qui m'avez l'air de deux gaillards, vous vous battrez à notre profit commun.—Plus il y a de coups, plus il y a de piastres. Or, comme vous devez aimer les piastres, attendez-vous à des coups.

— Je ne sais ni monter aux mâts ni me percher au bout des vergues, dis-je au capitaine.

— Vrai ?

— Vrai.

— Tu n'as jamais essayé?

— Jamais.

— Oh! alors c'est différent... et tu vas essayer pour la première fois.

Je vis qu'il fallait obéir ou jeter à l'eau le capitaine malencontreux. Je me décidai pour le parti de la clémence; car les autres lurons m'auraient à l'instant même mis en pièces, et, me cramponnant de mon mieux, j'arrivai au point indiqué sans que ma tête eût des éblouissements.

— Pas mal pour un début, me dit le capitaine, nous ferons quelque chose de toi, je t'en réponds, ton bon vouloir et ma garcette aidant.

La nuit fut belle.

Seul, sur le banc de quart, le capitaine fouillait à l'horizon, j'allai à lui.

— Que me veux-tu?

— Causer un instant avec vous.

— De quoi?

— De tout.

— De qui?

— De moi.

— Voyons, parle.

Je racontai ma vie au capitaine Bernard, je n'oubliai ni mes folies ni mes choses sérieuses; et quand j'eus achevé mon récit sans que je me fusse nommé :

— Croyez-vous donc que je ne vous connaisse pas, monsieur Duclos? me dit le capitaine. Je vous ai vu à Bordeaux, cassant, brisant tout, dictant vos lois à la ville, et rossant les gardes. Dès que vous avez été jeté sur mon pont, je me suis souvenu de vous ; et si vous n'étiez pas venu aujourd'hui même m'adresser vos confidences, je vous traitais comme mes coquins, ni moins ni plus.

— Et moi, si vous ne m'aviez pas rendu justice, j'allais vous envoyer aux esturgeons.

— Sans rire?

— En riant.

— Dès lors, monsieur Duclos, soyons bons amis et vogue la galère.

Je fus le second du bord ; j'appris en quelques jours les principales manœuvres, et l'équipage se vit contraint de m'obéir.

Un drôle surtout se faisait remarquer par son zèle à m'être agréable ou utile. Dès que je donnais un ordre, nul ne l'exécutait avant lui : toujours là, debout, prêt à deviner mes volontés, je lui aurais ordonné, je crois, de s'élancer à la gueule d'un requin, qu'il l'eût fait sans la moindre hésitation.

Pourquoi ce dévouement ?

Je n'y comprenais rien ; car au premier jour de mon élévation, comme il me regardait d'un œil investigateur, il reçut de moi un assez violent coup de pied quelque part, qui le fit bondir ainsi qu'un ballon.

Un instant après, je le vis sur la drôme, accroupi, les mains sur les genoux, la tête dans ses mains ; et dès qu'il l'eut relevée, il me montra des yeux rouges et pleins de larmes.

Je passai devant lui, nos regards se croisèrent, et il lut dans le mien tant de repentir et d'affection que ses bras se croisèrent sur sa poitrine, et qu'un sourire de sa bouche sembla me dire : « Punissez-moi comme hier, mais récompensez-moi comme aujourd'hui. »

— C'est un soigné gaillard, me dit le capitaine à qui je parlai le soir de Tonio ; je l'ai amariné au Havre, il était sur le port à faire le coup de poing avec plusieurs vauriens de son âge ; et depuis lors, il y a deux ans de cela, je n'ai eu qu'à me louer de ma capture. Pour le travail il est infatigable ; dans le combat il est intrépide comme moi, et je ne l'ai jamais vu le second à l'abordage. C'est un lion et un écureuil à la fois. Vous verrez son avenir.

L'avenir ne se fit pas attendre : le lendemain de cette conversation, la vigie signala un trois-mâts à tribord : nous mîmes le cap dessus ; et une heure après, fut ordonné le branle-bas de combat.

Je venais de m'armer d'un poignard, d'une paire de pistolets et d'une excellente hache d'abordage.

— Tenez, lieutenant, me dit Tonio qui rôdait autour de moi, en voici une qui ira mieux à votre main ; prenez-la. Je suis sûr que vous en ferez bon usage.

— Et toi ?

— J'accepterai la vôtre.

— Elle est bien lourde.

— J'ai le bras fort, et puis j'ai aussi une gaffe pendue en bandoulière.

— C'est bien ; mais ne t'expose pas trop : nous avons affaire à forte partie, et les braves comme toi se font pleurer quand on les perd.

— Ça fera que je me perdrai.

— Comment donc?

— Puisque vous devez me pleurer.

Tonio, sur un sifflet du maître, avait volé à son poste, et le premier boulet partit pour assurer le pavillon.

Le coup nous fut rendu ; mais à la quantité de toiles que le trois-mâts jetait au vent, nous reconnûmes bientôt que l'ennemi voulait fuir; aussi nous larguâmes comme lui nos voiles hautes et basses, nous hissâmes nos bonnettes et nous l'eûmes bientôt atteint; car *la Flèche* méritait son nom par la rapidité de sa course.

C'était un navire marchand dont une partie des canons était en bois, et qui pourtant ne voulait pas se rendre sans combat. Les bordées volèrent, les hourras retentirent, les vergues s'enlacèrent, et la lutte s'engagea bientôt à l'arme blanche.

C'était ce que j'attendais.

En un clin d'œil je sautai sur le bastingage du *Liverpool*, tapant, coupant, taillant et trouant quiconque osait s'adresser à moi.

Blessé à la tête par un coup de gaffe, et au moment où il allait sauter à l'abordage, le capitaine s'était écrié :

— Duclos, soutiens ta réputation.

Et je la soutenais, la hache et le pistolet aux mains.

A mes côtés, Tonio faisait aussi des prodiges de valeur; l'épaule entamée, il n'en continuait pas moins ses attaques contre ceux qui venaient à lui ou à moi, et il se montrait si actif à m'épargner des estafilades, que bien souvent je ne frappais pas, dans la crainte de l'atteindre.

Le pavillon au Léopard fut amené, le navire amariné, l'équipage fait captif. Huit jours après nous vendîmes ce trois-mâts et ses richesses coloniales à un planteur portugais établi à Praya, dans les Açores.

Ma part de prise fut belle. J'avais dix-neuf cents piastres; et comme le capitaine voulait doubler la somme :

— Non, non, je suis assez payé, lui dis-je; mais si vous tenez à récompenser le zèle et le courage, gratifiez Tonio, qui s'est conduit comme un césar et qui est assez grièvement ébréché.

— Où est-il?
— Par là.
— Qu'on appelle Tonio.

— Capitaine, dit le vétérinaire, c'est n entêté : vous n'en ferez rien. Il est couché, son sang coule en abondance, et il ne veut pas se laisser guérir, disant qu'il n'a reçu qu'une égratignure.

— Qu'on me le jette ici, fit le capitaine.

— Permettez, répliquai-je : il est impossible qu'un motif puissant empêche Tonio de vous obéir, je vais l'interroger.

Le pauvre garçon, étendu sur une caronade, étanchait sa plaie avec un peu d'étoupe.

— Eh bien! eh bien! Tonio, la bravoure

n'exclut pas la discipline : pourquoi n'es-tu pas venu à l'ordre du capitaine ?

— Parce que ça ne m'a pas convenu.

— Tu peux te faire punir, et puis tu es blessé ; je tiens à ce qu'on te panse, et si tu m'aimes un peu, tu vas prêter ton épaule au chirurgien.

— Je ne la lui prêterai pas.

— Pourquoi ?

— Parce qu'il saurait que je suis une femme, et que le capitaine seul le sait à bord.

CHAPITRE XIX.

M'AIME-T-ELLE?

Le navire vendu, le prix empoché, il y eut désertion. Les deux citoyens de La Teste obtinrent la permission de rester à terre, afin d'y attendre une occasion favorable pour retourner dans leur pays; mais Tonio demeura fidèle à son capitaine; et je pense que, si je n'avais pas voulu poursuivre notre croisière, le brave matelot se serait jeté à la mer pour se réunir à moi.

C'était une jeune femme, au teint brun, au regard de comète, à la parole brève. Jamais je n'ai vu de profil plus grec, de bouche mieux articulée, de front plus pur; jamais épaules rondelettes n'ont servi d'appui à une tête plus poétique. Ses cheveux étaient d'un noir bleu dont nul peintre ne saurait trouver la nuance, et ses dents éblouissantes brillaient d'autant plus qu'elles n'étaient presque jamais totalement voilées par deux lèvres de corail, dont le tabac et les liqueurs enivrantes n'avaient point souillé le poli velouté.

Il était impossible de voir une démarche plus libre, des façons plus aisées ; elle avait le pied tellement marin, qu'on eût dit qu'elle prévoyait le fort roulis ou le rapide tangage; et quand tout le monde se cramponnait aux manœuvres pour ne pas être renversé par les soubresauts de *la Flèche*, Tonio, ou plutôt Tonia, seule debout sur le pont, semblait fixée là comme le morceau d'acier sur l'aimant.

Pourquoi donc avait-elle changé de vêtement et s'était-elle jetée dans une vie aussi aventureuse? Le capitaine même qui l'avait enrôlée ne le savait pas. Peut-être devais-je être plus heureux; et c'est pour cela que, la veille de notre embarquement, la trouvant seule et pensive à l'aiguade de la Praya, j'allai doucement à elle, et la pris par le bras comme on le fait d'un ami de qui l'on attend une confidence.

Nous gardâmes tous deux un silence obstiné; moi, parce que je ne voulais rien devoir qu'à l'amitié de Tonia; elle, parce qu'elle voulait, sans doute, se faire un mérite d'un aveu que j'aurais dû à un désir nettement exprimé.

Ne pouvant emporter la position d'assaut, je la tournai :

— Sais-tu, Tonia, que le métier que nous faisons est rude?

— Rude aujourd'hui, calme demain, comme la mer, comme les passions.

— Tu connais la mer, connaîtrais-tu les passions aussi?

— Lesquelles ?

— Mais celles qui, seules, occupent les jeunes filles belles et fortes, ainsi que toi.

— C'est un compliment que vous m'adressez, car vous ne m'avez point trouvé beau quand j'étais matelot; et maintenant que vous savez que je suis une femme, vous me dites que je suis belle.

— C'est qu'on ne vante jamais la figure d'un homme que lorsqu'on parle de lui; mais, sois tranquille, je t'avais remarquée.

— Tant mieux, c'est quelque chose.

— Ce n'est guère si ce n'est que cela.

— Ce ne sera jamais davantage.

— Qui peut répondre de l'avenir?

— Je réponds du mien.

— Tu me désenchantes, Tonia, car j'avais une espérance.

— Laquelle, monsieur Duclos?

— Pour que je continue, fais-moi d'abord un plaisir : tutoie-moi; le veux-tu?

— Je le veux bien, Emile, mais cela ne te rapportera rien.

— Si, si; l'égalité est une grande et noble chose, et maintenant que nous sommes de pair, maintenant que le lieutenant s'est effacé pour faire place à l'ami, voyons, pourquoi t'estu faite corsaire?

— Ce n'est jamais à l'ami seulement que je ferai ma confidence.

— A qui donc, à l'amant ?

— De ma vie je n'aurai un amant.

— Et cependant, permets-moi cette vanité, Tonia; mais dans le dernier combat où tu as montré tant de courage, pourquoi t'es tu si souvent exposée pour me sauver la vie ?

— Parce que je t'aimais.

— Eh bien ! alors...

— Alors tu ne seras pas plus avancé, car cet aveu sorti de ma bouche et de mon cœur à la fois, prouve autre chose que ce que tu rêves. Tu crois peut-être que je t'aime parce que tu es brave et beau ; tu es dans l'erreur. Mon amour, Emile, est né d'une pensée... Je me suis imaginé que tu ne t'étais abandonné aux flots que pour te venger d'une infidèle ; et dès ce moment, je t'ai plaint. Au jour de l'action, je me suis aperçue qu'il y avait quelque chose en moi qui ressemblait à de la tendresse ; et aujourd'hui j'ai supposé que tu voulais nous quitter, mes yeux se sont mouillés de larmes... Je t'ai dit tout, Emile ; je t'ai dit tous mes sentiments ; ai-je deviné les tiens, et un amour malheureux est-il cause de ton exil?

— Non, Tonia, tu n'as rien deviné; la politique, la fougue de la jeunesse, des querelles, des duels, m'ont forcé à m'éloigner de ma patrie. J'ai voulu...

— Je connais ton histoire, c'est-à-dire celle que tu as racontée au capitaine Bernard; mais j'ai bien vu que tu ne lui avais pas tout avoué.

— Je ne déguise jamais rien de ce que j'éprouve; je ne cache jamais rien de ma vie, ni erreurs, ni folies, ni fautes, ni généreux dévouements : aussi, Tonia, je te dis en ce moment que je t'aime.

— Et moi je vous réponds, monsieur Duclos, que vous mentez.

— Je mens si peu, jeune fille, que, pour te posséder, je me sens capable d'un crime!

— Essaie !

Tonia d'un seul bond s'était éloignée de moi et, tirant de sa ceinture un poignard affilé, elle s'arrêta; puis, me regardant en face, elle lança sur moi un coup d'œil d'insulte et de mépris.

CHAPITRE XX.

UNE MÈRE.

Je baissai les yeux et me repentis.

— A la bonne heure! me dit cette singulière fille, si énergique dans toutes ses résolutions. A la bonne heure! et maintenant que vous me connaissez mieux, tenez, voyez: je jette loin de moi le poignard qui allait frapper mon sein. Voici un superbe bananier qui nous protégera de son parasol, abritons-nous contre les rayons d'un soleil qui pique trop fort; asseyons-nous et causons, à condition que tu me diras l'histoire de ta vie et le motif de ton embarquement.

— Remettons-nous en route.

Tonia me prit familièrement par le bras; nous retournâmes vers le brick, où l'on devait être inquiet de notre absence, et bientôt un coup de canon, dont nous vîmes la fumée s'échapper par le sabord, nous donna le signal du départ.

— Puisque tu n'oses pas tout me confier, Tonia, réponds du moins avec franchise à une seule de mes questions

— Cette question, quelle est-elle?

— Aimes-tu quelqu'un dans ton pays?

— Oh! oui, j'aime quelqu'un dans mon pays, et de toutes les puissances de mon être.

— Il est bien heureux! m'écriai-je avec une sorte de dépit que je ne pus maîtriser.

—Monsieur Duclos, vous ne me comprenez pas.

La nuit approchait, l'ombre de l'île et de son pic aérien et neigeux se projetait jusqu'à l'horizon; le flot poussé par une légère brise du large venait mourir à nos pieds avec un doux murmure; de petits nuages rondelets couraient les uns après les autres comme un troupeau de chèvres vagabondes, glissaient sur nos têtes et allaient se perdre là-bas, là-bas, sur les bords africains; tandis que les oiseaux voyageurs, fatigués de leurs courses éloignées, venaient tous à tire-d'aile, ainsi que des ramiers à leur gîte, chercher dans les creux des rochers et sur les plus hautes cimes des monts, l'abri paisible d'où ils devaient s'échapper le lendemain, au lever du jour, pour de nouvelles excursions.

Tonia et moi nous contemplions avec extase ce magnifique tableau, quand un bruit sourd, pareil au roulement du tonnerre, vint nous saisir; et au même instant la terre trembla sous nos pas... nous fûmes presque renversés. Quelques instants après, une seconde secousse, plus forte que la première, nous contraignit à nous appuyer contre un arbre vigoureux qui parut incliner son front, et vouloir quitter le sol où il vivait depuis des siècles..

A une troisième secousse plus violente que les précédentes, nous fûmes renversés avec notre appui, qui ne se releva plus; et quand nous jetâmes les yeux sur la mer, nous la vîmes loin du rivage crier et pétiller, comme si un feu sous-marin la mettait en ébullition.

— C'est le volcan qui s'anime, dit Tonia en souriant et en rajustant ses vêtements en désordre. Voilà l'image de la vie... Tout à l'heure nous respirions le calme sous un feuillage parfumé ; en ce moment tout est confusion.

Un second coup de canon nous dit de hâter notre marche. Nous suivîmes un petit sentier escarpé qui piquait droit au brick, et une heure après on nous présentait les tireveilles pour nous recevoir à bord.

Le capitaine s'approcha de moi et, m'attirant au gaillard d'arrière, il me dit à voix basse :

— Est-ce votre femme, monsieur Duclos ?

— Ni ma femme ni ma maîtresse.

— Oh ! quant à votre maîtresse, elle ne le sera jamais. Là-dessus je connais sa religion.

— Il y a deux ans, m'avez-vous dit, qu'elle fait le métier de corsaire ; à qui envoie-t-elle ses parts de prises ?

— C'est un secret que je n'ai jamais pu découvrir, que je n'ai jamais pu lui arracher.

La nuit se passa sans sommeil; l'image de cette jeune fille, si grave et si énergique tour à tour, sa demi-confidence, sa vie de marin si difficile, si périlleuse; la poésie de son langage si chaud, si coloré, tout me portait à croire que le malheur ou quelque héroïque résolution l'avait jetée loin de ses habitudes d'enfance. On devinait qu'il y avait ardente lutte entre ses premières études et sa nouvelle éducation; et l'intelligence plus que le regard vous disait que la vie d'aujourd'hui était un mensonge; ses allures, un mensonge; sa rudesse, un mensonge; mais qui était-elle donc?...

Un coup de sifflet du maître répondit à cette interpellation que je m'étais faite à haute voix. Je me levai, je montai sur le pont, l'équipage virait au cabestan, nous dérapâmes... Un instant après nous étions sous voiles.

Pendant toute la matinée nous longeâmes l'île, au lieu de courir au large; et comme le capitaine plongeait son regard d'aigle vers la côte, je dus présumer qu'il avait quelques projets hostiles contre quelques-unes des blanches habitations qui se dessinent au milieu de plantations délicieuses et de riches vignobles... Je ne me trompai qu'à demi.

Il était onze heures à peu près ; Bernard ordonne de mettre en panne et de lancer une chaloupe sur la plage.

— Douze hommes déterminés ! dit-il, et qu'on exécute mes ordres.

— Puis-je en être ? criai-je au capitaine.

— Cela va sans dire.

— Alors j'en suis aussi, poursuivit Tonia, que nous appellerons toujours Tonio.

— Va pour deux, fit le capitaine; la prise sera bonne. Qu'on y songe, il m'en faut six, ni plus ni moins; j'ai eu six déserteurs, je veux qu'on les remplace. Il y a là-bas, près de cette riante maison de campagne, un groupe nombreux d'hommes et de femmes qui jouent et dansent; il y a trop de danseurs, qu'on m'en amène six des plus jeunes et des mieux tournés. Allez, enfants, et que la brise vous soit en aide.

Nous descendîmes bien armés, bien disposés; nous confiâmes le canot à un matelot seul qui laissa tomber le grappin à une demi-encâblure du rivage; les autres mirent pied à terre.

On nous reçut comme des amis, comme des gens qu'on eût voulu retenir. Mais, après quelques régalades copieuses de ce vin de Ténériffe et de Madère qui picote le cerveau, nous proposâmes à six des plus gentils gaillards que nous nous étions signalés à voix basse, une partie de pêche au filet... Accepté.

Une fois dans la chaloupe, nos six drôles eurent beau pleurer, prier; nous piquâmes droit au navire, sans nous soucier le moins du monde des cris de désespoir qu'on poussait au rivage, et des larmes des prisonniers.

Cependant, l'un d'entre eux se tordait les bras, s'arrachait les cheveux, se déchirait la poitrine.

— Tu as donc perdu ta fiancée? lui dit Tonio qui veillait sur lui.

— Plus que cela.

— Ton frère? ta sœur?

— Plus que cela; ma mère, ma vieille

mère, dont j'étais le seul enfant, l'unique soutien.

— Eh! va donc! s'écria Tonio, en se dressant comme une panthère à qui l'on veut arracher ses nourrissons, va donc, et sois sa consolation à sa dernière heure! Sais-tu nager?

— Comme un marsouin.

— Un homme à la mer!

Tonio avait saisi par le collet et les hanches l'insulaire désespéré; il venait de le lancer à deux brasses de la chaloupe, quand le patron s'écria en tournant la barre :

— Voici un déserteur! paravirez.

— Poursuis ta route, répliqua Tonio, ou je te brûle la cervelle. — Il va rejoindre sa mère, que Dieu lui soit propice! Si le capitaine nous demande pourquoi un prisonnier manque à l'appel? je lui dirai : « C'est sur moi seul que doit retomber la faute; » et pour peu qu'il soit encore mécontent, je redescendrai ce soir à terre et lui en ramènerai deux pour remplacer celui-ci. Nous suivîmes de l'œil le prisonnier délivré, il gagna facilement la côte; nous le vîmes embrasser ses compatriotes avec effusion, et partir de là pour gravir un petit monticule au haut duquel se dessinait une riante maison, dont la toiture en tuiles rouges et vertes dessinait des losanges d'un aspect bizarre et gracieux à la fois. C'était là, sans doute, que reposait la vieille mère; c'était là que devait se trouver le fils.

J'avais voulu rester impassible témoin d'une scène aussi étrange, et cependant mes regards y avaient pris une part active. A chaque parole généreuse de Tonio, mon cœur se dilatait; j'aurais désiré que cette jeune fille fût ma sœur, puisqu'elle ne pouvait pas être ma femme; mais pourquoi ne pouvait-elle pas être ma femme, elle, belle et courageuse, deux qualités que je place au rang des vertus, quoique l'une leur soit presque antipathique?

Je me glissai auprès de Tonio; et lui serrant fortement la main :

— Cela est bien, lui dis-je à voix basse et avec une émotion visible; cela est très-bien. Je vous croyais une âme : je me suis trompé, vous en avez deux.

— Votre pression de main, me répondit le matelot, m'a fait plus de bien que vos paroles : l'une pouvait être de l'affection, plus que de l'amitié ; les autres ressemblent à de la surprise. Devez-vous donc être étonné d'une action généreuse de ma part ; et une mère à consoler, cela ne vaut-il pas qu'on s'expose à la noueuse garcette d'un capitaine irrité ?

— Il ne vous frappera pas, je vous le jure.

— Peut-être, il est si violent ! il tient si rigoureusement à l'exécution de ses ordres !

— S'il lève le bras, Tonio, le bras et le corps tomberont sur le pont du brick, et serviront, quelques instants après, de pâture aux requins.

— Merci, Emile, voilà comme je te voulais.

— Ta pression de main m'a fait autant de bien que tes paroles ; merci, Tonio... Et maintenant, admirable jeune fille, ne peux-tu pas me dire ce qui t'a jetée au milieu d'un monde de matelots, de bandits, qui te comprennent si peu ?

— Il est des confidences, monsieur Duclos,

qu'on ne fait qu'à un frère, à une mère, à un mari.

— Je ne serai donc jamais rien ?

— Monsieur Duclos, vous êtes un insolent !

Ce dernier mot fut accompagné d'un sourire qui en adoucit singulièrement l'âcreté ; je n'en témoignai aucune humeur, et nous arrivâmes à bord, Tonio et moi, les meilleurs amis du monde.

Le capitaine compta nos captures, et ne trouvant que cinq prisonniers au lieu de six qu'il avait commandés, il s'arma d'une garcette et demanda, d'un ton calme et froid, à qui surtout il devait l'inexécution de ses ordres.

— A moi, répondit Tonio, les bras croisés et en se plaçant à deux pas de Bernard.

Au même instant, je me trouvai coude à coude avec le capitaine ; la poitrine haletante, les dents serrées, et la main à la poignée de mon stylet.

— Ne me frappez pas, s'écria Tonio ! ne me frappez pas, capitaine, vous allez tomber mort !

CHAPITRE XXI.

TÉNÉRIFFE.

Le corsaire plongea son regard dans le mien, qui devint plus éclatant encore :

— Diable ! diable, dit-il sans s'émouvoir, il paraît que j'allais passer un mauvais quart d'heure. Mais l'affaire peut s'arranger. Toi, Tonio, je te nomme contre-maître, puisque tu viens de me sauver la vie ; toi, Duclos, je te nomme mon ami, puisque tu m'empêches de commettre une bassesse. »

Nous n'avions rien à craindre de cet homme extraordinaire, pirate et forban à la fois, et de qui une parole donnée était un arrêt solennel; aussi fûmes-nous sans crainte sur l'avenir.

Tonio et moi ce jour-là nous dînâmes à sa table; et, heureux de notre journée, nous nous endormîmes paisiblement, laissant courir *la Flèche* vers Ténériffe, où la poussait une brise fraîche et courtoise.

Il y avait imprudence à piquer vers cette île de lave qui bouillonne sur une fournaise dont la bouche porte encore jusqu'au ciel ses jets enflammés et ses flots de bitume; mais, je vous l'ai dit, le capitaine Bernard, dès qu'il flairait une prise, n'aurait pas reculé devant toute une escadre; et le renard, guidé par son instinct de rapine, ne se trompait guère dans ses inspirations. Il louvoya pendant trois jours entre l'archipel des Açores et celui des Canaries; puis, livrant à l'air toutes ses voiles, il visa le beaupré sur Sainte-Croix de Ténériffe, capitale de tout l'archipel.

A cinq ou six encâblures de la côte, il mit en panne, et sonda de sa longue-vue la rade foraine protégée par une demi-douzaine de fortins. Une belle corvette anglaise était mouillée près du môle ; Bernard avait prévu la rencontre : aussi, dès qu'il eut aperçu la terre, il hissa le pavillon de la Grande-Bretagne ; ruse de guerre permise, comme on sait, avant que le combat s'engage.

La nuit venue, Bernard nous fit demander à sa dunette, Tonio et moi.

—Enfants, nous dit-il, je ne sais pas si vous aimez beaucoup l'or ; mais, moi, je l'aime presque autant que la vie, un peu plus que l'honneur ; et vous ?

— Moi, répondis-je, je l'aime beaucoup moins que la vie ; et j'aime la vie beaucoup moins que l'honneur.

— C'est la réponse que j'allais faire, dit Tonio.

—Libre à vous, mes imbéciles : avec l'honneur vous n'aurez pas un sou, avec des piastres et des quadruples vous aurez toujours de l'honneur par-dessus la tête ; et puisque nous sommes en train de moraliser, puisque la confidence que j'ai à vous faire sera courte, je veux bien m'amuser à discuter avec vous, afin que vous sachiez parfaitement quel est l'homme que le hasard vous a donné pour chef.

» Pourriez-vous me dire, monsieur Duclos le philosophe, où commencent et où finissent les passions vicieuses et les vertus des hommes ? Je vous défie de me signaler le départ, je vous défie de me fixer les limites. L'espèce humaine est composée d'honnêtes gens et de fripons, au jour le jour ; ce matin moi, demain vous... L'intérêt, n'importe lequel, a fait la chose et la métamorphose; passez-moi la rime, puisque la raison y est, poursuivit-il en riant.

» Le banquier prête à six pour cent ; dites à la loi de se taire, et vous verrez si le banquier se contentera de ce petit bénéfice. Ne pariez pas oui, vous perdriez.

» La jeune fille a été sage par le passé, à désespérer tous ses adorateurs.

» Demain un nouveau soupirant se présente : le cœur de la pauvrette parle; hier elle était pure, aujourd'hui elle est flétrie.

» L'opinion publique la dit coupable, la condamne... En justice, pourquoi Dieu, qui est tout-puissant, qui pouvait l'empêcher de tomber, lui a-t-il montré l'homme qui devait la séduire? pourquoi lui a-t-il donné un cœur et une âme? Si nous remontons l'échelle sociale, c'est bien pis, ma foi! Je voudrais savoir si les Titus, les Marc-Aurèle, les Antonin, les Trajan (vous voyez que je connais quelques noms historiques), sont bien séparés, depuis leur mort, des Caligula, des Néron, des Tibère, des Héliogabale...

» Je parierais, moi, qu'ils cuisent dans la même marmite, ou qu'ils jouissent de la même béatitude; car le Dieu tout-puissant les a faits ce qu'ils ont été.

» Venons maintenant à des temps plus rapprochés, à notre histoire de France, par exemple.

— Doucement, m'écriai-je; il y a là des temples dans lesquels je ne veux pas qu'on fouille, il y a là des tabernacles auxquels je ne permets pas de toucher.

» Capitaine, à d'autres histoires s'il vous plaît. »

Un énergique et pieux regard de Tonio dit merci, et je fus heureux.

— A la bonne heure, poursuivit Bernard ; et comme je veux en finir, venons à mon histoire, à moi. Vous me connaissez à peu près, vous savez ce que je fais, ce que je peux, ce que je sais faire. Voyons, que suis-je?

— Corsaire. A cette condition la corvette est à nous.

— A cette condition aussi la France me déclarera corsaire et non pirate... Allez vous coucher.

Il n'était pas encore jour que le capitaine Bernard, à cheval sur le bastingage, fumait son cigare et parcourait d'un œil avide la corvette anglaise prête à lever l'ancre ou à filer son câble. Celle-ci, impatiente et curieuse, avait voulu, la veille, s'assurer que nous étions navire ami, et pour cela elle avait détaché un de ses canots vers nous ; mais elle avait changé d'avis, sans doute par crainte, et la brise de terre poussa jusqu'à *la Flèche* le signal à l'aide duquel on rappelait les canots.

Voici le jour... Le soleil ne se montre pas encore au-dessus de l'horizon, et déjà le pic, qu'on ne peut voir du mouillage de Sainte-

Croix, dore sa cime neigeuse, d'où s'échappent, en bouffées rapides, des colonnes d'une fumée rougeâtre montant en spirales et dispersées par la brise du matin. Petit à petit les cônes secondaires deviennent brillants; les remparts volcaniques, menaçant et protégeant à la fois la capitale, se révèlent aux rayons obliques de l'astre du jour; le clocher de Sainte-Croix perd sa teinte honteuse, les maisons étalent au regard leur façade blanche bordée de noir, l'ombre projetée de l'île se rapetisse; et de la cime des rochers à pic, des toitures des couvents, des figuiers qui trônent à travers les vignes énergiques, des palmistes dont les panaches onduleux se pavanent à l'air, s'échappent d'innombrables vols d'oiseaux avides d'espace, saluant de leurs cris joyeux la chaleur qui vient les visiter.

La corvette anglaise a vu aussi son équipage debout; elle ne peut plus sans honte demeurer tranquille au rivage : elle hisse son foc, et le capitaine Bernard, attentif à tous ses mouvements, bondit sur le pont, s'empare de son porte-voix, et son cri familier retentit menaçant de l'artimon au beaupré de *la Flèche*:

— Alerte, enfants! Voici une proie, de l'or, des Anglais, du bronze et de la gloire.

Nul des matelots n'arrive le dernier; tous sont là, actifs à la curée comme une ardente meute de loups voraces, la hache à la main, le pistolet et le poignard à la ceinture.

— Vous m'avez entendu, enfants; peu de bruit, ménageons la poudre, et à l'abordage! Au premier, quadruple part; au second, triple; au troisième, double; au dernier, la garcette. Nul de vous ne sera le dernier, j'en suis sûr, car nul de vous n'a été le dernier à son poste. Alerte, alerte, hisse le pavillon national, et vive la France!

La corvette anglaise a vu les trois couleurs, et ses filets d'abordage sont placés.

Le capitaine Bernard, pour la première fois de sa vie peut-être, fait entendre un juron qui semble dire que la lutte sera chaude; et puis d'une voix plus calme, il court au large comme s'il fuyait son adversaire.

— Hourra! crient trois fois les Anglais,

comptant que nous évitions le combat.

— Je vais vous en donner, des hourras, dit Bernard en mâchant sa petite cigarette; je vais vous en donner, de vos hourras, insolents! et je vous réponds, messieurs les habits rouges, que vous les payerez cher.

La corvette anglaise et *la Flèche* couraient à contre-bord avant d'engager leurs vergues; en passant devant nos flancs, l'ennemi lâcha sa bordée.

— Ne répondez pas, s'écrie le capitaine Bernard, il faut leur cracher nos boulets ramés de plus près.

Et il ordonne de virer de bord, mouvement qu'exécute aussi la corvette anglaise.

Tonio, que j'avais vu jusque-là intrépide au milieu du plus grand péril, que j'avais trouvé calme et résolu au moment où, seul avec moi, je pouvais abuser de ma force contre sa pudeur, me sembla cette fois timide et tremblant.

Ses lèvres étaient pâles, ses allures incertaines, ses regards sans vic... J'en eus pitié, je m'approchai de lui.

— Tonio, tu as peur ?

— Oui, j'ai peur, Emile.

— Parle bas, je t'en prie, tu serais perdu si on t'entendait.

— Va, cette peur ne me déshonore point, et tout à l'heure tu verras si je fais mon devoir en homme de cœur, en intrépide corsaire.

— Mais alors d'où vient que tu pâlis ?...

— Je l'aime tant, je l'aime tant !..

» Si je meurs, Emile, tu fouilleras dans mon hamac, tu trouveras au chevet une boîte en fer-blanc, et dans une caisse des papiers et de l'or; l'or et les papiers, tu les feras porter à l'adresse de la lettre contenue dans la boîte. Me le promets-tu ?

— Tonio, je te promets plus, je te jure que si tu succombes, et si je vis, nul ne sera chargé de ta commission que moi.

— Je suis content.

Tonio me serra fortement la main, et la lutte s'engagea chaude et vigoureuse.

CHAPITRE XXII.

LA BOITE DE FER-BLANC.

Je ne veux pas me jeter ici dans une description inutile de combat naval; à peu de chose près, tous se ressemblent : tous, ou la physionomie ne varie guère que par les détails. Ici le drame ne fit point défaut, et le capitaine Bernard surtout y déploya une vigueur et un sang-froid dignes des Jean Bart, des Duquesne et des Duguay-Trouin. Un matelot anglais allait ouvrir le crâne de Tonio, déjà blessé à l'épaule : ce fut la tête du matelot qui tomba sous la hache de Bernard.

Et moi-même, légèrement blessé à la main gauche, je dus aussi la vie au capitaine, qui se multipliait pour exciter, non le courage des siens, mais leur impatience et leur rage.

Après un combat opiniâtre qui dura plus de quatre heures en présence de toute la population de Sainte-Croix, accourue sur le rivage, la corvette anglaise amena son pavillon.

Il faut le dire, pour ne pas usurper une trop grande part de gloire :

L'équipage anglais était affaibli ; et deux combats antérieurs que *le Sandvich* avait soutenus ne lui permettaient guère d'espérer un succès. Mais l'honneur de son pavillon lui avait ordonné de courir sur *la Flèche* ; et le capitaine Flind, qui périt dans le combat, mérita bien de son pays.

Le Sandvich avait fait de belles prises ; nous visitâmes les coffres, les soutes, les chambres et tous les recoins où l'on pouvait avoir caché des richesses ; puis, quand nous crûmes utile d'abandonner le reste aux flots, nous descendîmes, blessés et bien portants, dans les chaloupes ; enfin, pour démolir le vaisseau, nous le lançâmes toutes voiles dehors vers la plage rocheuse, où il alla se briser.

Quant à nous, qui avions perdu quelques hommes, remplacés par des captifs, nous prîmes le large, piquâmes vers le cap Blanc, et courûmes de temps à autre quelques bordées.

En matelot insoucieux de son avenir, le capitaine Bernard, se réservant une faible part de la prise, fit à chacun de nous des largesses capables d'exciter notre courage s'il avait eu besoin d'être stimulé; mais le fin renard y conquit notre reconnaissance, et il put dès ce moment compter sur nous à la vie à la mort.

Quelques jours après ce combat glorieux pour nos armes, nous mouillions, par dix brasses, à un quart de lieue d'une côte abrupte et calcinée, dans une anse mal protégée des vents du large, et à très-peu de distance d'un joli trois-mâts portugais, qu'une brise contraire avait empêché de nous fuir.

— Ce navire m'appartient, me dit tout bas le capitaine Bernard en s'approchant de moi.

Nous verrons au point du jour si mes prévisions ne se réaliseront pas.

— Vous faites donc la guerre à tout ce qui navigue?

— Je fais la guerre à tout ce qu'il me plaît d'amariner. Je ne sais si je me trompe, mais ce trois-mâts est un cafard; et je gagerais dès ce moment qu'il porte dans ses flancs boueux six fois plus de monde que *la Flèche*.

— Dès lors il est peut-être imprudent de l'attaquer.

— Je m'étonne que cette réflexion vienne de vous, messire Duclos, car il me semble que vous ne comptez pas plus que moi le nombre des ennemis. Mais ce n'est pas comme ennemis, je crois, que nous causerons avec les hommes dont je vous parle.

— Alors, je ne vous comprends pas.

— Vous me comprendrez demain. Dites à votre prude Tonia de se tenir prête.

— Je vais le dire à Tonio.

— Que ce soit Tonio ou Tonia, peu m'importe, pourvu qu'il ou qu'elle agisse comme il ou comme elle l'a fait jusqu'à présent.

Le capitaine Bernard avait tort. Ce n'est pas le lendemain, mais la nuit même, et une heure après la conversation que je viens de rapporter, que nous eûmes affaire au navire portugais qui s'appelait alors *la Santa-Trinidad*, et qui, au point du jour, ne se nomma plus rien du tout.

Je vous l'ai dit, Bernard était un de ces hommes tellement actifs, tellement prévoyants, qu'il ne fermait jamais les deux yeux à la fois; je ne crois pas que ce loup de mer, d'une si singulière espèce, ait jamais dormi plus d'une heure sans se réveiller; et son réveil était une commotion électrique.

— Debout, enfants! Si j'ai bien vu, au milieu de ces profondes ténèbres, il y a là un renard portugais ou brésilien qui cherche à nous fuir.

» Courons sus, je ne pense pas que nous ayons besoin de brûler beaucoup de poudre contre de pareils bandits. »

La Santa-Trinidad avait silencieusement viré au cabestan, et se laissait pousser au large par une douce brise de terre.

Le capitaine Bernard, qui voyait même ce qui n'était pas, alors que son intérêt lui disait de voir, file son câble, et profite de la même brise pour aller au trois-mâts portugais.

Vous le savez, *la Flèche* doit peut-être son nom à ses rapides allures :

Après un quart d'heure de marche, nous avions atteint le fugitif; et, le doublant, nous avions exposé nos flancs à l'abordage de sa poulaine. Un coup de barre, de l'un et l'autre navire, empêcha le choc. Mais, voyant notre manœuvre, le capitaine portugais nous en demanda la cause en assez mauvais français. Bernard lui répondit, en français plus correct et plus énergique, qu'il eût à mettre en panne et à se laisser visiter.

— Du reste, ajouta-t-il, voici ce qui vous prouve que mes canons sont en fonte et mes boulets de calibre... Feu ! »

Et un large sabord fut ouvert sur les flancs de *la Trinidad*.

Quatorze de nos hommes montèrent à bord du trois-mâts portugais.

Parmi eux se trouvait Tonio; et comme je

voulais l'accompagner, le capitaine m'ordonna de rester à ma place. Je tendis la main à mon petit camarade ; et au moment où il sautait sur *la Trinidad*, une petite boîte en fer-blanc tomba de sa poche ou de sa ceinture, presque à mes pieds. Je recommandai à l'aventureuse fille une prudence inutile, car je savais qu'elle n'en ferait qu'à sa tête, et je lui dis que mon anxiété saurait bien prévoir si ma présence lui serait de quelque secours.

Dès que les quatorze hommes nous eurent quittés, je ramassai la boîte tombée ; puis, me retirant dans ma cabine, je l'ouvris sans songer aux reproches auxquels je m'exposais.

La boîte ne contenait qu'une lettre et des mensonges. Voici la lettre, que je transcrivis :

« Bonne et tendre mère, ne t'étonne pas si
» tu reçois de moi tant d'argent. Je suis tou-
» jours la fille jeune et laborieuse que tu con-
» nais, que tu aimes, que tu bénis ; et la fa-
» mille honorable qui m'a reçue avec tant de
» bienveillance m'accable tous les jours de
» ses bienfaits. Croirais-tu qu'en gratification

» d'un petit service que j'ai rendu à l'enfant
» de madame A..., cette excellente femme, si
» opulente d'ailleurs, m'a forcée à accepter les
» quatre mille francs que je t'envoie?

» O ma mère! prions pour cette famille
» généreuse! Tu sais également pour qui je prie
» tous les jours, et si mes vœux sont sincères
» pour qu'il me soit bientôt permis de te serrer
» dans mes bras.

» Courage, espérance... la guerre finira un
» jour; et alors, oh! alors, ta fille bien-aimée
» n'aura plus rien à demander à Dieu.

» Éléonore de B.... »

Et pour suscription : « A monsieur D., ban-
» quier au Hâvre, pour faire parvenir à ma-
» dame la comtesse Marie-Antoinette de B...,
» à Manchester. »

Ainsi donc cette généreuse fille cachait à sa mère en exil ses courses et ses dangers! C'est là un des mille traits de tendresse et de dévouement donné à des parents et à des amis éloignés, pendant cette trop longue série de jours néfastes qui ont déchiré notre patrie et dévoré un si grand nombre de ses enfants.

J'en reviens à mon récit :

La Trinidad était un négrier; métier infâme, inhumain, sacrilége. Son capitaine était un nommé Fernandez, qui avait rivé à fond de cale cent quatre-vingt-un noirs privés d'air, d'eau et de jour. L'équipage, par ordre de Bernard, fut jeté à l'eau pêle-mêle, Fernandez pendu à la grande vergue; et dès que nos quatorze gaillards eurent délivré la *marchandise*, celle-ci reçut des vivres en abondance, de l'eau pure, du vin généreux, et fut ramenée à terre par nos matelots.

Quant au navire, en un instant il devint la proie des flammes, et nous le vîmes s'engloutir dans la rade même où il avait consommé son abominable marché.

Tonio vint pour me presser la main... Je retirai la mienne; et, ôtant respectueusement mon chapeau en lui présentant la boîte :

— Je ne dois plus parler désormais qu'avec respect à mademoiselle de B..., lui dis-je tout bas.

— Vous savez tout maintenant, monsieur

Duclos, me répondit la noble enfant; promettez-moi de me garder ce secret jusqu'à notre retour en France.

— Il sera gardé.

—Oh! cela faisait mal à voir! me dit d'une voix affable Tonio qui cherchait à ne pas m'éloigner, cela déchirait le cœur, cela soulevait les entrailles!

» A fond de cale, dans un cloaque infect, sans air, sans jour, enchaînés par un pied, couchés sur des courbes de bois; pour oreiller, une barre de fer; pour étancher la soif, une eau fangeuse; pour apaiser la faim, quelques fèves coriaces; pour imposer silence aux cris de douleur, une garcette noueuse cinglant les reins, une baguette de fusil zébrant la peau...; et l'ordre de chanter quand descendait le hideux capitaine au fond de cette tombe creusée dans les flots.

» Après la tristesse et les larmes sont venus le désespoir et la vengeance. Les Noirs étaient les Blancs, les Blancs étaient les Noirs. Mes matelots ont frappé les officiers portugais; j'ai frappé le capitaine Fernandez à mon tour, je lui ai fait sentir le dard aigu de la garcette; et après avoir démarré les malheureuses victimes qui croyaient rêver, qui pleuraient, priaient et bénissaient, je leur ai ordonné à toutes de monter sur le pont.

» Là, le capitaine Fermandez a été mis à genoux; et moi, armant la main du plus robuste des esclaves, j'ai ordonné au bras de frapper, au cœur d'être sans compassion...

» Je vous l'ai dit, Duclos, le sang a coulé par plus d'une entaille... Le Noir est devenu Blanc. »

Plein des émotions de la journée, chacun de nous rejoignit sa cabine.

CHAPITRE XXIII.

LE LION, LA LIONNE.

Avant de quitter cette baie de malheur, nous voulûmes savoir comment les camarades, les frères, les familles des nègres délivrés nous recevraient, eux que l'on dit si cruels, si hébétés, si rapaces dans leurs marchés avec les Européens, et c'est pour juger de ce curieux spectacle que plusieurs d'entre nous se firent descendre à terre. Vous jugez bien que Tonio — pardon à la généreuse et noble fille de lui donner encore ce nom — Tonio et moi n'eûmes garde de manquer à la fête.

Notre grand canot précédait ceux qui amenaient les premiers esclaves à terre ; et tandis que s'effectuaient les autres voyages, les Naturels de la côte, tremblant pour leur sécurité personnelle, se tinrent à une certaine distance de l'espèce de camp tracé par nous, et ils ne se rapprochèrent que sur un signe de l'un des captifs qui se détacha du troupeau.

Oh ! alors, sauf quelques très-rares exceptions, ce fut une joie, une ivresse, un délire, des transports à donner la fièvre. On dansait, on hurlait, on trépignait, on battait des mains, on se roulait sur le sol brûlant, on allait jusqu'à se frapper, jusqu'à se mordre ; et le sang coula de plus d'une joue, de plus d'une épaule, après ces premiers élans d'une tendresse dont mes paroles ne pourraient donner qu'une bien imparfaite idée.

De la plage on avait vu l'incendie de *la Santa-Trinidad* ; et ces hommes, trop payés déjà pour croire à l'inhumanité des blancs, s'étaient imaginé qu'on avait fait un épouvantable festin de leurs infortunés compatriotes. Aussi la vénération de la bourgade errante alla-t-elle jusqu'à l'admiration pour témoigner sa gratitude aux sauveurs.

Chaque individu nous apportait un cadeau, soit en fruits, soit en étoffes, soit en armes, soit en ivoire ou en poudre d'or; et Tonio surtout, qui s'était montré si empressé, si humain dans la délivrance des esclaves, se vit l'objet d'une idolâtrie particulière. Il ne tint qu'à *lui* de se faire nommer roi de ces hommes d'ébène. Mais le *brave jeune homme* avait une tout autre ambition dans l'âme; et quoique vivement touché de si ardents témoignages de sympathie, c'est elle qui, la première, donna le signal du départ.

Autant la joie avait éclaté naguère, autant la tristesse fut grande dans la bourgade lors de nos adieux. Les plus habiles nageurs se jetèrent à l'eau malgré nos prières et nos ordres; c'est par un miracle du ciel que pas un d'eux ne fut victime de la dent vorace des requins infestant la rade et les rives de cette terre de désolation.

Déjà quelques-uns des naturels rebroussaient chemin pour rejoindre leurs frères, lorsque, de la savane, de grands cris se firent entendre.

J'ordonnai aux avirons de rester immobiles, et nous vîmes les braves gens que nous avions laissés, courir à nous les bras levés et donner les signes les moins équivoques d'une frayeur invincible. Je craignis une surprise; et, d'accord avec Tonio, nous mîmes le cap sur la terre, visitâmes l'amorce de nos pistolets, et nous préparâmes à une ardente rencontre avec ceux qui étaient venus, selon nos prévisions, d'une anse voisine, pour nous arracher le bénéfice de notre générosité.

Du bord, le capitaine nous expédia un troisième canot avec six gaillards déterminés, et dès que nous vîmes venir à nous un nouveau renfort, nous respirâmes à l'aise, bien certains de faire payer cher aux importuns l'inconvenance de leur visite.

Nous voici débarqués, laissant les canots à la garde d'un seul homme.

Les noirs ne pouvaient se calmer. Nous avions beau les questionner, impossible de les comprendre; seulement, il nous était aisé de voir que, vaincus par la terreur, ils se recommandaient à notre clémence et à notre générosité.

— Que pensez-vous de tout ceci, Tonio? lui demandai-je à demi-voix. Ne serait-ce point un piége?

— Peut-être; mais qu'avons-nous à craindre? six d'entre nous, armés comme nous le sommes, viendraient à bout d'un millier de ces pauvres êtres. Si je crois à leur stupidité, j'ai foi également en leur reconnaissance.

— Vous avez raison.

— D'ailleurs ne les voyez-vous pas se blottir tremblants et à demi morts derrière nous, comme s'ils comprenaient que nous seuls pouvons les abriter? Allez, allez, s'il y a péril, le péril ne nous viendra pas d'eux.

Nous avions à peine achevé de nous communiquer nos observations, que plusieurs autres individus arrivèrent de l'intérieur, en poussant comme les premiers des clameurs assourdissantes.

— Aux armes! fis-je à mes matelots.

— Aux armes! fit Tonio en composant un

peloton des siens, et en se plaçant bravement à leur tête. Voici l'ennemi !

« Ce ne sont pas des Portugais avides à la curée des esclaves à vendre, ce n'est pas une peuplade rivale qui vient disputer à celle-ci son stérile territoire, ce n'est pas un roi redouté qui vient chercher des sujets, à livrer en échange de quelques brasses de drap rouge, ou de quelques barils d'eau-de-vie.

» C'est un monarque plus puissant, plus redoutable, plus indompté, plus cruel...

» C'est un magnifique lion ; c'est une superbe lionne, sa compagne.

— Il manquait cet épisode à ma vie aventureuse, dis-je à Tonio.

— Je ne demande pas mieux qu'il se présente, me répondit l'intrépide ; j'aurai quelque chose de plus à *lui* raconter.

— *Lui*, toujours *lui !*

— Toujours, monsieur Duclos, parce que *lui* c'est une mère. »

Les deux féroces quadrupèdes venaient de s'arrêter.

En présence de tant d'ennemis, leur courage ne s'amoindrit pas sans doute; mais il dut réveiller leur prudence. Nous n'étions pas gens d'ailleurs à leur vendre notre vie sans la leur faire acheter un peu chèrement.

Tonio était magnifique d'impatience; il voulait courir à ces adversaires, mais il écouta mes paroles plus sages, et nous attendîmes, pendant que nous étions assourdis par un bourdonnement monotone et lugubre, chant de mort des malheureux qui se tenaient à vingt pas de nous, agenouillés ou ventre à terre.

La nuit allait venir.

Le lion et sa royale compagne ne bougeaient plus; et d'eux aussi nous arrivait un roulement ténébreux et rauque, n'ayant rien de la peur, mais tenant bien plutôt de la rage.

— Coûte que coûte, me dit Tonio, nous ne pouvons partir sans combattre. Je donne, moi, plus que de l'instinct à de pareils êtres; je leur donne du raisonnement. Ils ont compris que nous, hommes habiles, armés, qui ne fuyons pas à une approche, étions un solide rempart contre leur voracité : ils espèrent que nous leur abandonnerons le champ de bataille : ce que nous ne voulons certes pas, en dépit de leurs rugissements. Mais la nuit est là, dans l'ombre nous perdrons quelque chose de notre supériorité, nos coups seront moins assurés. Le lion devine cela, et voilà pourquoi sans doute il médite. Avançons-nous ?

— Avançons, mais seulement de quelques pas.

— Il n'en faudra pas davantage pour exciter l'impatience de nos visiteurs. — Camarades, ne vous séparez point, restez serrés les uns contre les autres. J'ai lu l'histoire de ces messieurs, dévastateurs, décimeurs de caravanes : luttons en masse, ou il y aura des victimes parmi nous.

L'ordre de marcher en avant fut donné à haute voix par Tonio, qui voulait produire deux effets en même temps.

Il avait admirablement calculé.

A notre premier mouvement, le lion et la lionne se trouvèrent debout et menaçants. C'était un spectacle magnifique.

Le mâle, encadré dans son épaisse crinière, battait ses flancs de sa queue vigoureuse. Ses yeux étaient deux éclairs ; les rapides soubresauts de sa poitrine disaient sa soif de meurtre, ses ongles plongeaient dans le sol, et sa langue sans cesse en activité, haletante, rouge, flamboyante et raboteuse, espérait bientôt prendre un bain dans le sang.

A ses côtés, calme en apparence, la lionne nous inspirait plus de crainte encore. On remarquait sur tous ses muscles amaigris un certain frémissement qui indiquait la rage ; et il nous semblait être couverts de son haleine fétide, quoique nous fussions distants les uns des autres de soixante à quatre-vingts pas au moins.

Qu'est-ce qu'un pareil espace pour ces hardis promeneurs des solitudes, qui bondissent comme la panthère, et qui, semblables à la foudre, brisent tout sur leur passage ?

Ce que nous redoutions avant tout, c'était le premier élan, le premier choc. La lutte une fois engagée, nous comptions bien que le nombre finirait par l'emporter ; car la balle fait de profondes trouées, et la gaffe poussée par un bras puissant perce même la peau du buffle ; mais cette première attaque de deux champions si alertes et si bien déterminés nous tenait en émoi. Je tremblais pour la courageuse fille, qui, en avant de son peloton et à demi courbée pour mieux voir, pour mieux se défendre, devait surtout fixer l'attention des deux jouteurs. Quant à moi, j'étais bien déterminé à quitter mon poste dès qu'une ombre de péril se manifesterait pour Tonio, et j'ai su après le combat que telle avait été en ma faveur la résolution de la noble fille.

Derrière nous les noirs bourdonnaient toujours, dans l'attente du massacre, et les fusils de nos hommes mouillés à quelques brasses du rivage les avaient seuls empêchés de nager vers les canots.

Comme nous, la lionne et le lion veulent en finir. Ils avancent, mais point en ligne droite ; ils zigzaguent, ils louvoient, ils cherchent — pour ainsi dire — à nous prendre en flanc ; et nous, attentifs à tous leurs mouvements, nous nous trouvons toujours en face de leurs ongles, en face de leurs dents.

Rien ne donne plus d'intelligence à l'homme de cœur que le danger. En présence du péril, le poltron s'abrutit; on peut le frapper du talon, et il meurt de crainte de mourir. L'homme d'audace et d'énergie, au contraire, sent grandir toutes ses facultés a proportion de l'imminence de l'attaque. Jamais plan de bataille ne fut mieux combiné que celui préparé à la hâte et d'un coup d'œil par Tonio et moi.

C'est que deux temporiseurs, deux Montécuculli africains nous étaient opposés; c'est que ces deux généraux avaient flancs robustes, prunelle ardente, fureur à l'âme, et quatre griffes mues par des nerfs élastiques et vigoureux.

— A toi, Duclos ! me dit Tonio, qui vit diriger sur moi l'œil fauve du lion.

— A toi, Tonio ! dis-je à mon tour ; car j'avais vu la lionne prête à s'élancer sur lui.

— A nous deux, Émile !

—A nous deux, fille de la vicomtesse de B...!

CHAPITRE XXIV.

CARNAGE.

Comme deux trombes chassées par l'ouragan, la lionne et le lion se précipitèrent en même temps. Il y eut chaos; presque tous nous fûmes jetés à terre....; mais, debout au même instant, nous nous trouvâmes placés en ordre de bataille.

Quatre des nôtres étaient blessés par le choc : nous les couvrîmes avec générosité. Notre première décharge, que nous n'avions pas eu le temps de diriger, fut suivie d'une seconde presque aussi superflue; car les bêtes furieuses nous avaient dépassés, puis nous craignions de tuer quelques-uns des noirs accroupis derrière nous.

Soit dignité, soit instinct de leur défense, les lions venaient de se retourner vers nous, et il devint bien évident que c'était à nous désormais qu'ils voulaient avoir affaire. Ils devinèrent que là était un troupeau de victimes dont ils briseraient les membres à leur gré, dès qu'ils n'auraient plus rien à redouter de nos armes; et c'est pour cela qu'ils avaient fait comme nous et contre nous volte-face.

Un coup de pistolet partit....

Tonio avait bien visé.

La lionne, frappée à l'œil gauche, poussa un horrible rugissement auquel répondit le rauquement plus menaçant encore de son formidable ami; et comme je vis les jours de Tonio en grand péril, je me trouvai à l'instant près de lui.

— Merci, me dit-il, j'y comptais.
— Un pistolet?
— Voilà.
— Une gaffe?
— Je n'en ai pas.

— Demandes-en une à un matelot.

Nous avions été entendus.

Rivals, excellent vaurien qui avait échappé cinq ou six fois à la corde et qui était tout zébré par la garcette de Bernard, vint à nous et retourna sans armes auprès de ses camarades. Ceux-ci se rapprochèrent à notre ordre, et, serrés de nouveau, nous attendîmes l'avalanche.

Elle arriva plus fougueuse, plus meurtrière.

Tonio est renversé....

La gaffe a pénétré dans les flancs du lion, qui brise le manche et revient à nous. Je décharge mon pistolet à bout portant; la balle arrive, et arrache un gémissement frénétique....

Rivals se défend contre la lionne. Deux de ses amis lui portent secours et sont blessés presque en même temps.

Un second pistolet est remis à Tonio, dont le sang coule en abondance.

A mon tour j'ai la cuisse déchirée par un coup de griffe, tandis que ma balle fait son devoir et creuse profondément les chairs.

Les matelots s'animent à cette lutte acharnée : ils coupent, ils trouent, ils percent; et la mêlée fait un carnage admirable. Chacun songe à sa sûreté personnelle, et chacun pourtant semble agir dans l'intérêt de tous.

La lionne est à terre; le lion chancelle. Nous croyons le combat terminé : il l'était en effet, mais le massacre ne l'était pas.

Les deux bêtes furieuses ne veulent pas que leurs cadavres mutilés gisent seuls sur la plage. Elles se ruent sur les groupes des noirs blottis près du flot; elles mâchent, elles triturent. Excitées par l'odeur du sang, elles se vautrent avec frénésie sur les victimes sans défense. Elles se roulent sur les corps inanimés; elles tombent, se relèvent, tombent encore.... Un sourd mugissement retentit, un soupir d'agonie se fait entendre, un dernier râle : c'est encore une victime que leurs griffes viennent d'achever.

Les ténèbres nous enveloppaient. Blessés, éclopés, bien portants et meurtris, nous rejoignîmes les embarcations.

Six des nôtres avaient péri.

— Eh bien! Tonio, souffres-tu beaucoup?

— Presque pas; le souvenir de la lutte efface la douleur. Et toi, Duclos?

— Je crois rêver; mes artères battent à se briser sous ma peau. Que dis-tu de tout cela?

— Je dis que l'ouragan et le typhon ne sont rien.

— Ou peu de chose.

— Le lion, comme le simoun..., c'est la tempête du désert.

CHAPITRE XXV.

DÉLICATESSES.

Si notre relâche dans cette baie aux dramatiques événements avait pu se prolonger; si le capitaine, infatigable comme la bonite, n'avait voulu aller chercher ailleurs ce qu'il appelait de la gloire, ce que je nommais de la pâture; certes, Tonio et moi, secondés de quelques matelots courageux, nous nous serions enfoncés dans les vastes solitudes qui avoisinent le cap Blanc. Nous aurions étudié avec profit, pour notre curiosité actuelle comme pour nos vieux souvenirs, cette terre si féconde en imposants phénomènes. Nous nous serions assurés si, à une certaine distance du rivage et sous la même latitude — ainsi que les noirs cherchaient, sans doute, à nous le faire deviner par leurs gestes et leurs confidences en termes incompris, — nous trouverions une grande ville avec des habitants point crépus comme eux ils l'étaient, point tout à fait blancs comme nous; mais armés, et vêtus de manteaux, et enfourchant de rapides coursiers.

Les noirs ne pouvaient avoir alors l'intention de nous désigner Tombouctou — cité mystérieuse, en dépit de Caillé, de Mungo-Park, de Belzoni, de Boutin et de Clapperton; capitale immense d'après les uns, mesquine selon les autres, fabuleuse suivant quelques voyageurs consciencieux, et dans tous les cas beaucoup plus au sud et à l'est du point de la direction indiquée par les hommes que nous venions de délivrer.

Nous brûlions d'essayer une nouvelle lutte contre ces royaux arpenteurs du désert, si puissants dans l'attaque, si cruels dans la victoire, si redoutables dans la défaite. Nous brûlions de mesurer la différence du lion et du tigre, — cet autre citoyen des steppes africains, qui est ici et là en même temps, dont le sommeil est une fièvre, et que fait bondir de joie le parfum du sang et du cadavre.

Mais le capitaine, à qui nous fîmes part de nos désirs, nous refusa tout net, se moqua de nous, et nous demanda si les piastres espagnoles et les guinées anglaises ne valaient pas mieux que des peaux morcelées de lions, de tigres et de panthères.

— Allons, allons, nous dit-il en nous frappant de petits coups d'amitié sur l'épaule; ce n'est pas là, mes amis, que vous devez consacrer votre mariage; et puisque vous vous aimez...

Tonio rougit.

— Puisque les hommes ont voulu qu'il fût nécessaire d'avoir recours pour cette cérémonie à des personnages vêtus d'une façon assez singulière, hâtons-nous, levons l'ancre, et arrêtons-nous en face d'une des îles du Cap-Vert, où la brise qui souffle va nous porter; puis bon voyage, mes petits moutons qui vous adorez si bien ; et vous battez encore mieux, je gage.

Tonio garda le silence de l'embarras après cette étrange allocution du capitaine Bernard; et moi, pour qui le mariage a toujours paru un lourd fardeau, je répondis, mais avec assez de délicatesse pour ne point affliger une femme comme Tonio, et pour ne pas trahir non plus un secret que seul je connaissais :

— Le capitaine Bernard rit de mon amour, et il fait bien. La mer est hostile à toutes les passions du cœur; et voilà pourquoi, sans doute, Tonio n'a pas voulu jusqu'ici encourager ma tendresse. D'ailleurs, je ne suis pas plus riche que noble : il faut à cette jeune et belle fille — non pour à présent, mais pour son avenir — un grand nom, des titres, des équipages, de somptueux hôtels; et moi, chétif, abandonné, sans fortune, j'ai compris que mon devoir était de combattre le sentiment qui m'avait dominé à mon insu. Je me garderai bien d'accuser Tonio de sa réserve, de ses scrupules, de son ambition ; je les approuve au contraire, et à sa place ma conduite serait la sienne ; ma résolution comme la sienne, inébranlable.

Il y eut dans un regard que Tonio lança sur moi un tel caractère de modestie et de dignité, que je courbai la tête en signe de respect, et que j'attendis une réponse qui pût combattre ma volonté si bien exprimée; mais la noble fille s'obstina dans son silence de peur d'en trop dire ou de n'en pas dire assez. Le capitaine, toujours facétieux, même au sein des batailles, ajouta que nous étions de grands niais; qu'il savait combien nous étions chers l'un à l'autre; qu'il fallait en finir de cette passion avant de revoir notre pays; que nous allions faire une petite halte dans quelque imperceptible village d'une île du Cap-Vert; que, s'il n'y avait là ni prêtre ni chapelle, il ferait dresser un autel dans une grange et nous donnerait lui-même la bénédiction nuptiale.

— C'est chose convenue, poursuivit-il en jetant à l'air la dernière bouffée de sa cigarette; je suis capitaine, vous êtes mes subordonnés : vous m'obéirez, ou la garcette fera son jeu.

Si je n'avais pas connu le véritable nom de Tonio, peut-être — je l'avoue — aurais-je trouvé plus raisonnable la parole de Bernard; mais avec le caractère de cette jeune fille si dévouée, si magnanime, il ne fallait point se flatter de partager sa destinée sans le consentement de sa mère en exil, et je redoutais trop un refus pour m'y exposer. Aussi, dès ce jour, je m'éloignai de ma compagne autant que je le pouvais sans trop éveiller les soupçons de quelques matelots qui étaient déjà venus jusqu'à moi. De son côté, la belle enfant simula une gaieté qui dut donner le change au capitaine; mais qui ne me trompa point, moi, plus intéressé dans la cause que Bernard.

Nous partîmes. Les vents nous furent favorables, et peu de jours après pointaient à l'horizon les cimes de l'Archipel, où le capitaine avait rêvé l'alliance de ses deux meilleurs officiers.

Près de la côte il mit en panne, et, appelant Tonio et moi dans la dunette :

— Eh bien! enfants, nous dit-il, est-ce entendu, est-ce conclu?

— Quoi?

— Vous mariez-vous, oui ou non? Je ne veux pas à mon bord des figures pâles et allongées comme les vôtres : il me faut, à moi, toujours des sourires au combat, des chants et des jurons pour accompagner le calme ou la bourrasque. Voyez, il y a là-bas un gentil petit bourg dominé par un clocher : je gage que nous y trouverons une église, un prêtre, un registre. Vous direz oui et oui tous les deux, vous ne soupirerez plus à enfler mes voiles, et ce sera chose bâclée pour l'éternité... Eh bien! eh bien! vous ne répondez pas? Allez vous promener! je ne me mêle plus de vos amours, auxquels, du reste, je ne crois guère dès ce moment... Cap au nord!

Tonio s'approcha de moi, me pria de m'asseoir à ses côtés sur le banc de quart, et me prenant la main avec une cordiale effusion :

— Je n'ai point répondu aux paroles du capitaine, me dit-elle d'un accent plein d'émotion qu'elle ne chercha point à déguiser. Je dépends d'une mère, monsieur Duclos, d'une mère d'autant plus utile à consulter qu'elle vit bannie et qu'elle est malheureuse. Consacrer une telle union sans son consentement, ce serait la frapper au cœur, ce serait de ma part donner un bien coupable démenti à mes pieux devoirs de fille, qui jamais n'ont été oubliés par moi.... Vous connaissez mes sentiments pour vous, Émile : est-ce de l'amour?.. Je... ne... crois... pas... »

Je serrai fortement la main de Tonio.

— Est-ce le vif et doux attachement si nécessaire au bonheur de la famille? Pardonnez-moi encore ; mais je ne le pense pas. Ce dont je suis sûre, c'est que je vous aime d'une amitié dévouée jusqu'au martyre, et que pour vous défendre je m'élancerais, sans hésiter, au milieu des plus grands périls. Ce dont je suis sûre, c'est que votre mort me causerait une profonde douleur dont je n'entrevois pas le terme. Et cependant, monsieur, je sais que tout cela n'est point de l'amour, j'en suis certaine; et j'ai dû vous faire cet aveu, maintenant que vous connaissez ma famille, maintenant que vous savez qui je suis, et avant que vous m'ayez dit vos sentiments pour moi.

— Croyez-vous, mademoiselle, au bonheur intime sans cet amour dont vous me parlez, que vous n'avez pas connu encore et que vous devinez déjà?

— Le doute est une crainte.

— A coup sûr, un malheur.

— Ainsi donc vous m'aimez de cet amour? dit vivement Tonio d'un son de voix où je crus voir deux sensations opposées : l'effroi et l'espérance.

— Que me rapporterait une telle passion?

— Un regret de plus dans mon cœur, si la parole de ma mère vous était fatale.

— Tonio, je me sens capable de tous les sacrifices, et vous me croirez fermement dès que je vous aurai fait un aveu qui blessera peut-être votre dignité. Ce que je veux avant tout, c'est votre estime et cette franchise dont vous m'avez donné l'exemple... Je vous avoue que moi... non plus... je... n'ai pas... d'amour pour vous.

Tonio pâlit, se leva brusquement et courut donner des ordres inutiles à un matelot accoudé au grand mât.

Un instant après, en passant à ses côtés, je dis à Tonio :

— Bonjour, frère.

— Bonjour, monsieur, me répondit-il.

Et il s'en alla causer familièrement avec le capitaine.

Bien certainement, si je l'avais voulu alors, si je m'étais exposé à un refus que les prières de mademoiselle de B.... auraient empêché, mon avenir eût été brillant; car il était aisé de prévoir la fin d'une crise politique dont l'Europe était lasse et que la France seule ne pouvait faire durer long-temps encore. Ma fierté naturelle ne me fit point défaut; mais je voulus la cacher lors de mon dernier adieu à mademoiselle de B.... Combien je souffris de cette séparation, qui m'arrachait, non pas une fortune, mais toutes mes plus chères espérances !

Oh! combien, dès ce moment aussi, je regardai à l'horizon afin d'y chercher, avec le capitaine Bernard, quelque navire assez audacieux pour nous attendre ou nous provoquer! Certes, si un nouveau combat nous avait été offert, je ne crois pas que les haches ennemies m'eussent épargné. J'avais résolu d'en finir avec cette existence toujours ballottée, toujours en guerre avec le calme et le bonheur; nous aurions vu qui de Tonio ou de moi avait dans l'âme un attachement plus sincère, un plus saint dévouement.

Mais la route se fit sans nouvelle rencontre: nous courûmes vers l'est; puis laissant porter au nord et côtoyant l'Afrique, nous ne tardâmes pas à voir s'ouvrir devant nous cette large fissure par laquelle l'Atlantique jette ses flots dans la Méditerranée.

Nous entrâmes dans le détroit; nous mouillâmes à Cadix : Tonio débarqua, me dit adieu avec des témoignages de regret et d'estime, et j'appris peu de temps après qu'elle avait rejoint son heureuse mère à Manchester.

Bernard vendit son bâtiment à un riche armateur de Cadix, nommé Iriarte; il donna la volée à son équipage; et moi, sur un caboteur espagnol qui faisait le trafic et la contrebande depuis Cadix jusqu'à Bayonne, je regagnai ma patrie. Mais, avant de débarquer, je fus totalement dévalisé par ces flibustiers de malheur, et c'est à grand'peine que je rejoignis Bordeaux.

CHAPITRE XXVI.

L'ABBAYE.

J'avais le cœur et la tête pleins de grandes choses, je voulus oublier complétement les jours orageux de mes triomphes mondains, je fis dans ma pensée divorce avec les intrigues de boudoir, et je me dis qu'il y avait dans l'homme de cœur autre chose que la vanité des conquêtes féminines.

Les mots *Patrie et Roi* résonnaient en mon âme, et je comprenais la magie des batailles qui se disputaient pour le soutien ou le renversement des trônes.

— On parlera de moi, me dis-je en me

frappant la poitrine et le front, on parlera de moi, et nous verrons si la Vendée me sera aussi généreuse que la Gascogne.

J'allai pour quelque temps à Paris, d'où j'étais bien résolu de m'éloigner à la première occasion; mais, hélas! il y avait un ministre de la police au sein de la capitale, ce ministre s'appelait Fouché.

Quand Fouché voulait un homme, cet homme était à lui; quand Fouché voulait une secrète pensée, la pensée secrète avait de l'écho. L'œil de Fouché plongeait dans les demeures les plus cachées de sa métropole à lui, et parcourait avec la même limpidité ses villes éloignées, ses bourgs et ses grandes routes. Si Fouché n'avait eu personne à arrêter, il se serait arrêté lui-même, tant il aspirait à prouver son zèle à l'Empereur.

L'Empereur était le Dieu de Fouché : Lucifer obéit à Dieu.

Il n'y avait pas deux heures que j'étais descendu à mon hôtel, lorsque cinq gaillards vinrent me faire visite.

— Vos papiers ?

— Les voilà.

— Ce passe-port est irrégulier.

J'avais, je crois, une ligne de plus ou une ligne de moins qu'on n'avait indiqué dans le signalement, peut-être même avais-je une ligne de moins; mais pour un point Fouché aurait fait pendre un homme; jugez pour une ligne!

Je ne voulus pas lutter, on m'emmena, et je fus logé gratis dans un palais du gouvernement nommé l'Abbaye.

Il paraît qu'on me prenait pour quelque chose, car le gardien vint à moi et me dit d'une voix qui descendait de trois notes au-dessous du tonnerre :

— Monsieur, vous pouvez dépenser ici trois cents francs par mois.

— Ce n'est pas mal. Et si j'en dépense le double ?

— Je vous en défie bien.

— Comment cela ?

— Je ne vous ferai pas crédit.

— Va donc pour cent écus.

Ma vie glissait assez paisiblement, trop paisiblement dans cette maison de plaisance; et je songeais aux moyens de me sauver soit en escaladant un mur, soit en mettant le feu à l'édifice, soit en étranglant quelque guichetier, quand un ordre d'élargissement m'arriva.

— Vous êtes un homme d'énergie, me dit Fouché par la bouche d'un de ses acolytes : voulez-vous sortir de l'Abbaye ?

— Je ne demande pas mieux ; mais en tout bien tout honneur : les conditions ?

— L'Atlantique est beau à parcourir, la Martinique, la Guadeloupe, la Guyane-Française sont de ravissantes colonies : vous irez là, muni de dix bonnes mille livres d'appointements, et vous reviendrez quand la chose publique se sera consolidée.

— Il paraît qu'elle est ébranlée, la chose publique ?

— Fouché veille, et l'Empereur est debout.

— Pour celui-ci à la bonne heure ; mais l'autre...

— Eh bien ?

— L'autre est un brave homme, dont j'accepte l'offre généreuse. J'irai fumer d'excellents cigares, je mangerai du sucre, je boirai du café, j'aurai des esclaves, et je respirerai un air libre sur une terre embaumée, sous un ciel régénérateur.

— De l'enthousiasme !

— C'est si horrible une prison !

— Vous pouvez en sortir.

— Merci, monsieur, montrez-moi le chemin ; toute minute est un vol que vous faites à mes poumons avides d'être dilatés.

CHAPITRE XXVII.

VENDÉE.

Une voiture est le véhicule le plus incommode et le plus dangereux du monde, quand vous craignez d'être arrêté. C'est pour cela qu'elle va vite. Qu'on vous y cherche, et un cheval au galop a bientôt atteint la diligence qui relaie et qui fait halte pour les repas des voyageurs. Le plus sûr est toujours de rester près de l'endroit même où l'espièglerie a été commise. Ce n'est point ici qu'on vous supposera, et mon roué Fouché, qui pourtant ignorait cette théorie, me permit d'arriver à Rennes, quoique ma route se fît bien lentement, à petits pas, comme voyagent les cénobites et les flâneurs.

J'avais quitté Paris avec vingt-cinq francs et douze sous dans ma poche, le reste s'en était allé par l'achat d'un stylet délicieux et de deux pistolets à ressorts claquant sec. Ce n'était pas trop pour imposer à quatre ou cinq gendarmes, s'il prenait envie à Fouché d'envoyer à ma poursuite.

Heureusement le loup fut pris au piége, et me voilà près de mes chers Vendéens, le cœur chaud, le gousset vide, et fouillant dans l'avenir pour y chercher une renommée.

Il y avait là de nobles courages, de généreuses poitrines battant fort pour une pensée unique; il y avait là des noms mieux blasonnés, si je puis m'exprimer ainsi, par leur ardent amour pour la monarchie exilée que par les vieux parchemins de leurs pères, et je me sentais tout orgueilleux d'entrer dans leurs rangs et de prendre ma part de leurs périls.

Tous nous pensions que les conflits seraient ardents; tous nous étions animés d'un saint enthousiasme et nous attendions le premier coup de fusil comme un signe de délivrance.

On m'avait remarqué; on parlait de moi, sans doute parce que j'en parlais moi-même. Dès qu'une alerte était donnée, je prenais mon élan, et le poste dangereux m'appartenait.

Je suis en veine de modestie, et je ne dirai point ici par combien d'actes de bravoure, si bien compris des armées royale et impériale, je sus me distinguer au milieu de ces hommes qui étaient des colosses d'héroïsme. Je ne parlerai pas de ces rudes escarmouches que les deux parties belligérantes se livraient chaque jour, et pendant lesquelles on me voyait constamment en première ligne.

Historien de ma propre vie, je puis, sans scrupule, m'appauvrir de quelques-unes de ces belles et glorieuses actions, aujourd'hui surtout que la renommée me semble un feu follet; aujourd'hui que moi seul, peut-être, je me rappelle ces nobles et magnifiques années.

. . . .

J'ai réfléchi. Je ne sais pas, après tout, pourquoi je me tiendrais à moi-même pareille rigueur d'humilité. Je vous fais et ferai de temps à autre, suivant la circonstance, assez d'aveux à mon déplaisir : si je me donnais la satisfaction d'ailleurs bien raisonnable d'un exemple pris au hasard, comme témoignage de mes assertions?

La bataille avait été chaude, quoique seulement par escarmouches; mais le courage des deux camps était égal, égale aussi la soif de vaincre, et il se faisait de part et d'autre des prodiges de valeur.

J'avais été mis en embuscade avec une douzaine de jeunes paysans, derrière une haie plantée au-dessus d'un fossé qui me masquait complétement.

Nous cheminions à quatre pattes, silencieux pour n'être ni vus ni entendus, et nous comptions prendre au piége quelques-uns de ces intrépides Bleus qui venaient étudier nos positions à toute heure de la nuit.

La veille, deux Blancs avaient été pris et fusillés : il y avait exaspération parmi nous, et nous brûlions de prendre une revanche.

Mais nous étions arrivés trop tard : à peine hissés à la hauteur de la haie, une décharge à bout portant tue six de nos hommes et fait prendre la fuite aux autres, qui déchargent leurs fusils presque à reculons.

Légèrement blessé à l'épaule, je m'arrête. Je lance un rapide coup d'œil derrière la haie, et, voyant peu d'ennemis, je m'écrie d'une voix retentissante :

— A moi, les miens !

Le stratagème réussit. Craignant d'avoir affaire à trop forte partie, les Bleus disparurent dans les broussailles en laissant deux des leurs sur le terrain, grièvement blessés de deux coups de feu. Ils gémissaient, j'allai à eux, et leur criant : « Bas les armes ! » je m'approchai encore et leur tendis la main :

— C'est là une lutte meurtrière, leur dis-je, une guerre comme n'en devraient pas faire des enfants de la même patrie; mais il paraît que le mot d'ordre est donné.

» Hier vous avez fusillé des Blancs : c'est là une barbarie que vous aurez à vous reprocher; car je veux vous laisser le temps de regagner vos postes lorsque je devrais peut-être vous conduire à notre camp; vous êtes libres, mais à une condition, c'est que vous userez de toute votre influence pour sauver des prisonniers de mon bord, dans une position pareille à la vôtre... Le jurez-vous?

— Sur l'honneur.

— C'est bien. Si l'on vous refuse, dites comment il vous a été permis de rejoindre vos camarades.

— Ce sera fait.

— J'y compte. Vos noms?

— Julien Charrier.

— Auguste Guéry. Le vôtre?

— Un Blanc.

» Au surplus, ajoutai-je en les quittant, c'est un rendu pour un prêté; car je me souviens qu'à Lyon un Bleu me sauva la vie, alors que sans lui j'aurais été fusillé le lendemain. Vous voyez que les canailles de la Vendée ont de la mémoire.

CHAPITRE XXVIII.

MOI ET FOUCHÉ.

Après cette pacification qui certes n'en était pas une, le général Hédouville fit distribuer des passe-ports à tous ceux des volontaires qui voudraient s'en retourner dans leurs foyers. Je demandai le mien et repris la route de Bordeaux, un peu honteux et fort irrité de tant de mécomptes.

Là on me soumit à une mesure qui me pesait tellement que je résolus de m'en délivrer. Tous les dix jours, par ordre de Fouché, j'étais tenu d'aller montrer mon passe-port et mon permis de séjour à l'autorité; mais humilié de cette sujétion, je m'en affranchis et déclarai hautement que je brûlerais la cervelle à quiconque viendrait chez moi essayer de me soumettre.

On mit la main sur moi : le ministre de la police me fit conduire sous bonne escorte à Paris, où je fus enfermé d'abord à Sainte-Pélagie.

C'était un trop magnifique palais pour le Vendéen Duclos, et quelques jours plus tard je fus transféré à Vincennes.

Oh! ici, dans cette prison infernale, rien ne fut négligé pour obtenir de moi merci et miséricorde. Mon pain était noir et rare, mon eau bourbeuse, le froid vif en hiver, la chaleur écrasante l'été, car mon cachot variait selon la saison; et moi, si je ne succombai pas aux tortures, c'est que le ciel m'en réservait de nouvelles, de plus âcres, de plus poignantes, celles qui attaquent l'âme et le corps à la fois.

Ma paillasse était dure comme la dalle et l'on m'avait donné un linceul — j'écris de l'histoire — un linceul tout saturé de mercure!

Cela est vrai, ministre Fouché, âme damnée de Napoléon, cela est vrai! mes anciens amis ont vu et touché les larges cicatrices dont j'ai toujours porté l'empreinte, et que m'avait ouvertes l'infâme tunique de Nessus que vous jetiez si lâchement sur votre prisonnier.

Je ne me plaignais point, je ne priais point; et, pour vaincre mon inflexibilité, Fouché vint un jour lui-même :

C'était en hiver. On m'appela; on me fit entrer dans une vaste pièce où Fouché m'attendait, assis auprès d'un feu ardent.

— Asseyez-vous, Monsieur; vous voyez que je pense à vous?

— C'est un privilége dont je me passerais volontiers, Monseigneur; votre mémoire m'est si fatale!

— Vous êtes un fou.

— J'aime mieux être fou que bourreau.

— Le bourreau vient proposer au fou... une trêve.

— S'il y a des conditions, je devine qu'elles sont inacceptables.

— Il ne vous en coûtera rien.

— C'est bien cher.

— M'écoutez-vous?

— Ne le voyez-vous pas? Je chauffe mes jambes déchirées par le mercure. Parlez.

— Napoléon vous fait grâce.

— De quoi?

— De votre vie passée.

— Vie de dévouement.

— Il est des dévouements qui sont des crimes.

— Je n'ai jamais été criminel.

— Non, parce que la raison vous a manqué.

— A vous, c'est le cœur.

— Voyons, mes instants sont comptés : la prison vous fatigue-t-elle?

— Cruellement. A quel prix en sortirais-je?

— Vous prêterez serment à l'Empereur.

— Rien que ça?

— Rien que cela.

— Eh bien! allez dire à votre Empereur qui n'est pas le mien, que je ne prêterai jamais deux serments en ma vie. Je serai fidèle jusqu'à ma dernière heure à celui que j'ai prêté une fois à mon roi légitime, et j'aime mieux une prison éternelle qu'un parjure. »

Fouché partit, et je repris mon enveloppe empoisonnée.

Vincennes me fut enlevé; Fouché — par je ne sais quel caprice — me fit transférer à Bicêtre, sans doute parce qu'il y avait là des êtres privés de raison et qui mettaient la fidélité, l'honneur au rang des folies.

J'y vécus quelque temps, assez oublié, grâce aux grandes choses qui germaient alors, et je n'en sortis qu'à l'entrée de l'Europe dans la capitale du monde.

Si, lorsqu'on vous ensevelit dans un cachot, votre cœur se serre au bruit des clefs et des verrous qui retentissent à vos talons, combien n'y a-t-il pas d'épanouissement à l'âme lorsque la porte se rouvre, lorsque les guichetiers, qui attendent des étrennes, vous ôtent leur bonnet, puis vous disent en souriant :

— Au revoir!

Je n'étais façonné encore à aucune contrariété : mes allures avaient été franches, indépendantes, sans entraves; les saisons étaient parties et revenues, me trouvant toujours prêt à les fêter en bonnes visiteuses; et cependant je me réjouissais moins de me *repromener* dans la rue que du tour que j'allais jouer à mon aimable Fouché, dont le souvenir m'est cher à tant de titres.

Brest était là-bas : l'amiral Brueix attendait avec son escadre les derniers ordres du ministre de la marine, et, tout en m'envoyant un billet de cinq cents francs, Fouché me fit savoir que mon voyage était payé, que Brueix me recevrait à merveille.

Or, comme je n'en doutais nullement, comme ma place était marquée à la table de l'état-major, comme ces messieurs savent égayer les plus longues traversées, comme il m'était bien démontré que je devenais l'objet d'une faveur spéciale, — je ne voulus point y répondre avec ingratitude. J'allai remercier mon généreux protecteur; et, une heure plus tard, je reprenais la route de la Vendée, cocarde blanche à mon chapeau rond, sandales aux pieds, bréviaire à la main.

CHAPITRE XXIX.

UNE PARTICULE.

Un nom que tous les partis saluent avec vénération, que la Vendée salue avec amour, volait ici de bouche en bouche.

Un des enfants de cette héroïque famille vint un jour près de moi :

— Vous vous appelez ?
— Duclos.
— De Duclos ?
— Duclos tout court.
— Marquis de ?...
— Nulle part.
— Comte de ?...
— Rien du tout.

— Point d'ancêtres?

— Les Duclos.

— Famille inconnue.

— Elle se fera connaître comme votre premier aïeul.

— Je date de loin.

— Je daterai de demain, si l'ennemi nous approche.

— Alors vous combattrez au dernier rang. Le privilége du noble, c'est de se montrer en tête; le roturier s'efface.

— Un roturier comme moi ne s'efface pas même en présence de l'épée d'un La Rochejacquelein, et je ne crois pas à la noblesse qui outrage l'homme de cœur.

Il y eut cartel accepté; on le sut au camp, et les deux antagonistes furent consignés dans leur chambre; mais avant de nous laisser encager, je m'avançai vers mon adversaire, et lui parlant bas :

— Votre main, lieutenant, votre main?

— Y songez-vous, monsieur? et ma main d'ailleurs, qu'en oseriez-vous donc faire?

— Je la mettrais, monsieur, dans une

autre non moins blanche et non moins brave qu'elle, et je lui reclamerais ce serment : de dégaîner vis-à-vis de moi le premier jour où il lui sera donné de vider un fourreau.

— Vous me demandez beaucoup, monsieur. N'importe, je vous accorderai tout ce qu'il m'est permis d'accorder, c'est-à-dire le serment que vous sollicitez. Je jure sur mon écusson, et sur la garde de mon épée, que je vous ferai raison de votre mécontentement et de mes paroles. Cela vous suffit-il ?

— Je ne tenais qu'à cela.

— Vous avez ma promesse.

— Je ne vous en remercie pas, mais je vous en félicite. Nous nous reverrons, lieutenant de L. Jusque-là, gloire, bonheur, soleil libre.

Notre querelle, toute courte, toute brève qu'elle avait été, fit du bruit. Chacun en parla, hormis nous; jeunes et vieux, prudents ou téméraires, prirent fait et cause pour le roturier ou pour le noble; et comme on connaissait l'adresse et l'intrépidité de mon jeune adversaire, comme d'autre part on m'avait vu beau dans l'action, il arriva ce qui arrive toujours en pareille circonstance : on déplora ma mort, car on ne faisait nul doute que je ne fusse tué.

Le général, qui, lui aussi, m'avait pris en affection, résolut d'empêcher le duel. Pour plus de sûreté, il nous renferma sous bons verrous dans deux chambres bien distinctes, bien séparées l'une de l'autre, décidé, disait-il, à nous rendre libres dès la première annonce de l'ennemi.

— Ce sont deux braves, ajouta-t-il, les balles des Bleus tueront leur rancune, et sur le champ de bataille vous verrez que, pour se surpasser mutuellement, ils nous donneront la victoire.

Tout cela était bien ; mais le cœur de L. et le cœur de Duclos battaient vite et fort. Les murs de nos retraites n'étaient ni assez hauts ni assez épais pour nous éloigner long-temps.

Cependant quelques amis venaient nous voir pour nous exhorter, lui à l'oubli de la provocation, moi à l'oubli de l'injure.

Parmi eux se trouvait un sergent, Romeu,

chargé par le général de répondre des deux prisonniers.

— Vous êtes deux extravagants, me dit-il avec affection ; nous avons besoin ici de vos bras, et il y a félonie à les agiter en faveur des Bleus.

— Je cesserai d'être Blanc jusqu'à la vengeance a complie.

— L. est plus raisonnable : il ne se souvient presque plus.

— C'est bien généreux à lui de ne *presque* plus se souvenir de son insulte !

— Eh ! que vous fait, à vous, une particule de plus ?

— Que lui fait, à lui, une particule de moins ?

— Il l'a, il la garde.

— Je ne l'ai pas, me la donner est impossible.

— Pour deux lettres deux hommes vont se tuer !

— Pour trois lettres deux armées se tuent !

— Le *roi* est un principe.

— Le roi est un drapeau.

— Eh bien! au nom de ce drapeau sacré, abjurez votre haine.

— Je ne hais pas L., je l'estime, je le vénère; mais s'il ne me descend pas, je le descendrai.

— Je vous le répète, vous êtes deux extravagants.

Cette conversation, que j'abrège, avait lieu entre quatre visiteurs sablant quelques flacons de bordeaux.

J'avais tout calculé, tout prévu ; le vin exalta les cerveaux, nous fîmes un piquet; habit bas, nous essayâmes de franchir les chaises, les tables, — et au milieu de ces exercices, je me saisis de la clef qui tenait enfermé mon champion.

Je la remis à un camarade dévoué, roturier comme moi, qui m'avait promis de me servir de second, et lui remis également un billet conçu en ces termes :

« — Vous avez hâte d'en finir, sans nul doute; et moi aussi. Voilà une clef que j'escamote et qui doit vous faire libre.

» Quant à moi, dans une heure j'aurai mesuré la hauteur de ma fenêtre à l'aide de mon drap de lit, qui m'empêchera, j'espère, de me rompre le cou.

» Si je me casse la jambe dans la chute, nous nous battrons assis; je vous connais, vous me ferez jeu égal. »

Une heure après il y avait duel debout, duel acharné, duel à mort entre le noble et le roturier. Le roturier tua le noble : de L. fut tué par Duclos.

Ceci n'est point une vanterie, c'est une réminiscence douloureuse, et je sacrifierais bien de mes douces journées pour oublier un événement que je n'ai pu prévoir et qu'il m'a été impossible d'éviter.

Il s'agissait d'une question d'honneur.

CHAPITRE XXX.

EXIL.

Après ce duel funeste, il ne me fut pas possible de rester dans l'armée du Roi, et je pris sur-le-champ un parti de désespoir; non pas que je reculasse devant les nouveaux périls qui allaient sans doute m'assaillir, mais parce que je ne voulais point être témoin des larmes et des regrets que la mort de L. faisait naître chez ses concitoyens et ses amis.

Je me dirigeai vers l'Italie, où j'arrivai presque sans argent, à moitié nu, sans chaussures, sans recommandations. J'y vécus ignoré, maudit peut-être de mes anciens frères d'armes, et mon cœur se brisa devant cet abandon.

J'étais prêt à m'élancer vers les Apennins, à me présenter devant l'un des chefs les plus redoutés de ces audacieux bandits qui détroussent les riches passants, et qui dévalisent les voitures publiques.

Mais je me rappelai mes vieilles tantes de Bordeaux, je me flattai qu'elles viendraient à mon aide; et je les vis en effet, bonnes et compatissantes, m'envoyer le fruit de leurs économies, puis m'exhorter à la patience et à la résignation.

Hélas! les deux vertus des exilés me faisaient défaut.

Là-bas étaient les Alpes et leurs glaciers; plus loin, de l'autre côté, le ciel frais de ma patrie. L'inaction m'écrasait, l'Italie me semblait froide et décolorée.

Je repartis et je revis la France.

Un événement pareil à presque tous ceux qui ont rempli mon existence, hâta mon départ: je lui dois quelques mots.

Le temps était orageux, et la mer furieuse

entrait dans le port de Gênes et foudroyait ses remparts.

Les navires aux abois tiraient le canon d'alarme, les débris des embarcations qui volaient à leur secours étaient lancés sur les quais envahis, et le flot roulait ses écumes boueuses jusque près de la *Piazza di Banchi*.

Adossé à un mur, je cherchais le moyen d'être utile à quelque malheureux, lorsqu'un riche seigneur, que j'avais déjà remarqué à l'*Acqua sola* et à l'*Acqua verda*, le marquis d'Arregha, vint à moi et me demanda ce que je faisais si près des brisants.

— Je pense.

— A quoi?

— A l'horrible situation de cette pinque qui chasse sur ses ancres, et qui va bientôt être démolie.

— En effet, elle ne peut tenir long-temps encore, et tout sera dit dans quelques minutes.

— Je vais donc essayer de sauver deux ou trois de ces malheureux.

— A quoi bon? Ce sont des Français.

— Misérable! m'écriai-je, si la pinque s'ouvre, tu seras le premier à porter secours aux naufragés.

Et saisissant par le collet mon digne marquis, je l'entraînai avec moi vers la lame qui rétrogradait.

Une seconde vague arriva et nous couvrit; je lâchai prise, et, le remou se tordant sur nous deux, nous disparûmes en même temps.

Un instant après, deux corps mutilés étaient étendus sur le débarcadère : celui du marquis sans vie, et celui de Duclos qui se traîna péniblement vers le vieux môle par les rues désertes, et qui échappa ainsi à la foule, témoin de sa vigoureuse action.

J'appris, lors de mon passage à Nice, que j'avais été condamné à mort pour avoir condamné à mort le lâche marquis d'Arregha.

Lequel de nous deux, je vous le demande, méritait la potence?

Bordeaux me revit, déjà déchu de mon ancienne splendeur. Moi, je cherchai vainement mon Bordeaux des jours orageux; et, comme tout y était assoupi, comme nul réveil ne s'y annonçait pour le lendemain, je repris le chemin de la capitale, but constant de toutes mes espérances...

On voit comme elles s'y sont réalisées.

CHAPITRE XXXI.

LE COLONEL FABVIER.

Qu'on l'interprète et qu'on le juge comme on le voudra, que chacun en décide selon ses opinions, ses caprices ou ses antipathies, toujours est-il certain que mon affaire avec le colonel Fabvier a quelque chose de loyal et d'honorable pour moi. En toute occasion, un homme de cœur doit répondre à une provocation, dès qu'elle lui est faite par un homme de cœur.

Or, on parlait beaucoup du colonel Fabvier; on lui reconnaissait du courage, du patriotisme, des sentiments nobles et généreux;

moi-même je l'entourais d'une sorte de respect qui tenait de l'admiration et de la jalousie à la fois. Il n'était pas de mon bord, donc je trouvais tout naturel de ne pas l'aimer ; il était homme d'énergie, donc il me portait ombrage, quoique j'eusse pour lui une haute estime.

Il y a peut-être contradiction en tout cela, c'est possible; mais tout cela était.

Je me trouvais au café, assis à une table près du colonel que l'on écoutait et qui disait, ma foi, de fort belles choses. Il me regarda, nos regards se croisèrent, et je suis sûr que dès cet instant nous pensâmes, l'un et l'autre, que nous ne quitterions pas cette salle sans nous être adressé la parole. Toutefois, j'appris plus tard que le colonel ne me connaissait que de nom, et dès lors son coup d'œil ne pouvait être provocateur.

Quant à moi, mon parti était arrêté, je voulais lui chercher querelle : il y a des réputations qui vous blessent, qui vous égratignent, qui vous font grimacer.

Les disputes sur les opinions étaient à

l'ordre du jour : il fallait être blanc ou noir, libéral ou chouan, Grec ou Turc; bref, il fallait être quelque chose, ou se résoudre à se laisser écraser sous un talon comme un être inutile.

Quoi qu'il en soit de mes sentiments et de ceux de Fabvier, toujours est-il qu'après qu'il eut prononcé cette phrase :

— Laissez donc! les Chouans sont tous des lâches,

Je me levai furieux, et m'approchant de lui les bras croisés :

— Le soutiendrez-vous devant moi? lui demandai-je.

— Devant vous et devant tout le monde, à pied, à cheval, l'épée à la main, le pistolet au poing, depuis le compas jusqu'au canon.

Je donnai mon nom, mon adresse, et la figure de Fabvier se rembrunit.

— Je ne puis pas me battre avec un pareil homme, dit-il à ceux qui l'entouraient.

— Et pourquoi? m'écriai-je.

— C'est que vous êtes un misérable.

Six personnes m'arrêtèrent, et je dis alors :

—Vous êtes prévenu, colonel Fabvier, que si vous ne vous battez pas avec moi, je vous assassine.

Je l'aurais fait.

Mon coup partit, ma balle lui écorcha l'épaule, et, je dois l'avouer, Fabvier déchargea son arme en l'air et dit :

— Je ne veux pas déshonorer ma balle.

Je connaissais parfaitement les lois du duel, je ne pouvais recommencer celui-ci sans me faire le plus grand tort, et les journaux ne me donnèrent pas le plus beau rôle dans leurs colonnes. Cet épisode a été une des plus tristes pages de ma vie.

On répandit le bruit que j'avais été soldé par les miens pour chercher noise au colonel Fabvier ; on disait la somme que j'avais reçue, on signalait la main qui me l'avait donnée ; on désignait la maison, l'appartement où le marché s'était conclu.—De tout cela, pas un mot de vrai. L'affaire s'engagea d'elle-même d'une manière fortuite, et avec un peu de prudence 'aurais pu l'éviter ; mais la prudence et moi n'avons jamais logé sous le même chapeau; et ma conduite en cette occasion fut toute logique, et semblable à celle que j'ai toujours tenue dans les mille circonstances malheureuses de mon existence d'agitations.

Dès qu'un homme a eu un seul duel retentissant, on le fait le héros de trois ou quatre aventures périlleuses. S'il a tué un adversaire en défendant ses jours, on le représente comme un ogre; s'il en a tué deux, il dépeuple les villes, et mérite l'échafaud. De Thersite à Diomède il n'y a qu'un pas.

Parce que vous vous êtes mis en présence d'un capon tremblant comme la feuille et que vous avez essuyé son feu, vous êtes proclamé le lendemain un redresseur de torts. O réputation!

Deux jeunes gens se battaient un matin dans un manége. Le plus âgé avait reçu de l'autre un coup de cravache, il n'y avait pas moyen d'éviter l'affaire. Les armes sont chargées, les voilà en ligne. L'offensé tire presque les yeux fermés, son adversaire tombe; mais se redressant sur un genou :

— Je veux ma revanche, dit-il d'une voix faible.

Il vise, et avant que le coup parte celui qui l'avait blessé roule sous un banc. On accourt, on le soutient, on le voit pâle, respirant à peine :

— Lâche ! lui crie-t-on.

— Pas si lâche que vous, répond-il : je me bats et j'ai une peur horrible.

Selon moi, ce lâche était un homme de courage.

Malheur ou bonheur, gloire ou dégradation à celui sur qui s'attachent les regards de la foule ! Rien n'est vrai dans ce qui se dit de lui ; c'est le corps trop voisin de la lumière, il se projette monstrueux, colossal, immense.

Voyez : j'ai possédé en tout dans mes plus beaux jours trois mille francs de rente, la voix publique m'a donné un revenu de quarante mille francs ; j'ai eu dix-huit duels, on m'en a prêté cinquante ou soixante. Je loge dans une chambre qui me coûte vingt sous par jour, et on me niche dans un taudis de trois francs par mois. Quand je suis en fonds, je bois deux verres de vin par jour, et l'on m'en fait avaler trois pintes. Ainsi fait-on quand on m'aumône de quelques sous. Si j'avais reçu la cent millième partie de ce qu'on se vante de m'avoir avancé, j'aurais pu acheter les Tuileries avec ou sans ceux qui les visitent...

CHAPITRE XXXII.

MON AMI PEYRONNET.

Quand j'appris par mon portier, qui décachetait le journal des locataires, la nomination de mon ancien ami Peyronnet, je m'en réjouis; non pas pour lui, qui était le plus raisonnable des crânes de Bordeaux, mais pour ses anciens camarades qu'il ne devait certainement pas oublier.

Quant à moi, j'étais si persuadé de sa bienveillance, que je me présentai au ministère sans lettre de convocation, sans permis.

J'entre; on me demande où je vais : je réponds d'un geste au suisse inquisiteur, et je passe outre.

En général, j'ai toujours observé que le langage du poing ou de la botte est le plus efficace, et il est rare qu'on trouve d'excellentes raisons à opposer à un soufflet ou à un glorieux coup de pied. Vous remarquerez avec moi que, cela faisant, vous vous donnez des manières de grand seigneur; or, comme les grands seigneurs passent partout, soit qu'ils cognent soit qu'ils se courbent, il arriva que j'arrivai droit et ferme à l'antichambre de Son Excellence.

Je n'en revenais pas. Plusieurs individus bien serrés, bien petits, plusieurs *individues* bien tremblantes attendaient leur tour : moi je n'attendis pas le mien et m'acheminai vers une grande porte à deux grands battants, gardée par deux grands imbéciles. Je voulus la franchir :

— Quand votre tour sera venu, me dirent-ils tous deux à la fois.

— Lequel de vous m'interroge le premier?

— Moi, moi, répondirent en même temps les deux estafiers.

— Qui vous ?

— Moi.

— Moi.

— Eh bien! dans l'indécision où je me trouve, je vous réponds à tous deux....

Et mes gaillards tombent : l'un sur un large fauteuil, l'autre par terre où il gigotte de son mieux.

Au bruit, la grande porte s'ouvrit : le ministre parut, irrité, colère, menaçant.

Je lui tendis la main, qu'il serra d'une façon fort maussade, en me disant :

— Je suis à vous.

— Et moi à toi, lui répondis-je ; mais fais vite, je suis pressé.

Les deux valets abasourdis vinrent m'offrir une bergère ; les solliciteurs et les solliciteuses me sourirent, et un instant après je causais avec M. de Peyronnet.

Sans le vouloir, je me pris à rire.

— Qu'avez-vous?

— Rien ; et je veux quelque chose.

— J'y pensais.

— Et moi j'agis; si j'étais à ta place, toi à la mienne, tu aurais déjà une préfecture, peut-être deux.

— Tu veux donc être préfet?

— Oui.

— Ne te vaudrait-il pas mieux un emploi lucratif dans les armées?

— Je veux du repos; je veux être préfet.

— Soit; je verrai où je puis t'envoyer.

— C'est-à-dire que tu verras où tu peux me caserner... Voyons, parle?

— A Prades, dans les Pyrénées-Orientales, ou à Bayonne.

— Mais ce n'est qu'une sous-préfecture?

— Il y a des grades qu'il faut subir.

— Bah! bah! tu n'as pas été sous-ministre; je veux être préfet tout d'un coup.

— Voici quelqu'un : mon premier secrétaire, sans doute; ne me tutoyez pas.

— On tutoie Dieu et son chien.

Le secrétaire fit un signe et partit.

— Mon cher Duclos, me dit le ministre en se levant comme pour me congédier, — à un de ces jours. Tu le vois, tout n'est pas loisir au ministère, et il y a là bien des gens qui attendent.

— Soit; je sors, et tu n'es pas fort à plaindre : deux minois appétissants.

— A lundi!

— Oui, à lundi! Je saurai si je dois vous dire *toi* ou te dire *vous*.

CHAPITRE XXXIII.

PETITS *poulets* ENTRETIENNENT L'AMITIÉ.

Le lendemain de cette scène assez vive pour Peyronnet, assez calme pour moi, je reçus par un maréchal-des-logis, qui descendit de cheval à ma porte, une grande lettre contenant ces mots :

« — Le ministre de la justice recevra monsieur Duclos, lundi prochain à deux heures. »

Je répondis :

« — Monsieur Emile Chodruc-Duclos ne veut pas être reçu par le ministre de la justice. C'est à son ancien ami Peyronnet qu'il a demandé une entrevue. »

Un second paquet plus raisonnable me vint le soir même ; il était laconique, ainsi que je les aime :

« — Viens donc.

» Signé : PEYRONNET. »

Dans cette audience, je trouvai Son Excellence monseigneur le ministre des sceaux et de la justice d'une extrême modestie, d'une bienveillance empressée : je m'en voulus presque de mes emportements.

Hélas ! c'était de l'eau bénite de cour.

Peyronnet m'offrit je ne sais trop quel mince emploi dans les eaux et forêts, que je refusai. Il me parla aussi, je crois, de courrier de cabinet, dont je ne voulus point ; et il finit par m'offrir le grade de chef d'escadron de gendarmerie. Je réfléchis un instant, puis je lui demandai si une préfecture ne m'irait pas mieux.

— A toi, il te faut une épée, non pas une plume.

— Une recette générale?

— Une épée.

— Alors nomme-moi colonel.

— Tu y arriveras.

— Il t'en coûtera moins de temps et moins d'encre pour écrire *colonel* que *chef d'escadron* : sept lettres... Allons, signe.

— Tu me tyrannises.

— Et toi, tu me tympanises.

— On ne fait pas des colonels comme des fourriers.

— On fait des colonels comme des ministres.

— Voyons, reviens lundi.

— Mon brevet sera prêt?

— Il le sera.

Je me rendis au ministère à heure fixe, monseigneur était chez le roi.

J'y retournai le lendemain, monseigneur était chez le roi.

J'y allai le jour suivant, monseigneur était encore chez le roi.

Et ainsi de suite pendant une semaine.

Impatienté, j'écrivis à Peyronnet et lui demandai le prix d'une paire de bottes que j'avais usées à son service. Il me répondit par l'offre d'une place que je ne pouvais accepter ; car sous aucun rapport je n'ai voulu appartenir à la police.

Entre le ministre et moi ce fut désormais une guerre à mort ; et, pour ma part, je pris la ferme résolution de punir la bassesse de celui pour qui j'avais déjà mis deux fois l'épée à la main.

Je lui écrivis :

« Puisque Son Excellence monseigneur le garde des sceaux et de la justice refuse de se trouver en ma présence dans son hôtel, j'espère qu'Elle ne se refusera pas au plaisir de me voir en face au bois de Boulogne, devant deux témoins. Je lui donne le choix des armes ; mais je crains fort qu'Elle ne préfère l'épingle à l'épée ou au pistolet.

» Duclos. »

Point de réponse.

Oh ! ma foi, je résolus de casser les vitres en cassant les glaces de sa voiture, et j'attendis la sortie de Son Excellence, pendant un mois entier...

Efforts et patience inutiles : dès que j'avais la figure un peu plus sérieuse qu'à l'ordinaire, j'étais sûr de voir un amas d'estafiers cercler mon hôtel et s'apprêter à me mettre dans l'impossibilité d'agir.

Que faire donc?

Se résigner, renoncer aux faveurs que je m'obstinais à regarder comme des droits acquis; et vivre au jour le jour de mes petits revenus, en attendant l'occasion favorable que le sort ne tarderait sans doute pas à me présenter.

Le sort n'écouta pas mes prières...

Et mes habits commencèrent a s'user!

Cependant je me plaignais, je me plaignais à haute voix, et Peyronnet, qui me savait homme d'action, croyait avoir tout à redouter de mon indignation et de ma colère. Aussi reçus-je à diverses reprises des offres d'argent, que je repoussais; car je ne mendiais pas encore.

On fit plus : on m'offrit pour la seconde

fois une de ces places productives, mais peu honorables, qu'on obtient comme une flétrissure et qu'on ne garde que par la dégradation. Il ne s'agissait de rien moins que de *moucharder* en jabot et en gants blancs, de m'étaler dans un brillant équipage, d'arriver suivi et précédé par un domestique à livrée, d'entrer tout rayonnant dans un vaste salon, d'y déblatérer de mon mieux contre le roi, contre la famille royale, contre les choses, contre les ministres, contre leurs amis et leurs maîtresses, — vous voyez que dans tous les cas la besogne ne pouvait manquer; — il s'agissait enfin de prendre en note tous ceux qui seraient de mon avis.

Pour cet honnête métier, on m'offrait douze mille francs gratis, un logement gratis et dix valets gratis. C'était trop cher, beaucoup trop cher; et j'écrivis à mon généreux protecteur une longue lettre, dont je me rappelle toutes les expressions.

Les voici :

« Canaille!

» Signé, Duclos. »

Je ne reçus point de réponse; et cependant je suis bien certain que ma missive arriva; car je la remis moi-même à un employé du ministère, en lui disant de ma voix la plus douce :

— Tiens, c'est le traité de paix entre Son Excellence et moi.

Cependant il me fallait vivre, quoique Peyronnet n'en comprît sans doute pas la nécessité. Mes bijoux avaient disparu dans le *Mont d'Impiété*, mes vêtements avaient suivi la même route, et il m'était arrivé plusieurs fois de dîner par cœur.

Je maigrissais à vue d'œil, et toutefois le manque de pain n'était pas ce qui me semblait le plus funeste.

Ce qui fait le front ridé, les joues creuses, les yeux vitrifiés, les épaules osseuses, les cheveux blancs, la démarche tremblotante, la voix fiévreuse, l'haleine corrosive, — ce n'est pas du pain noir ou rance, ni une chambre sans feu, ni des vêtements sans lustre. Ce ne sont point des bottes sans talons, des chapeaux sans coiffe et sans bords.

Ce qui vieillit, énerve et tue avant l'âge, c'est une espérance détruite, c'est une ingratitude que vous ne pouvez flétrir, une insolence que vous ne pouvez châtier; c'est une lâcheté, une désillusion.

Quand le découragement s'empare de l'âme, le corps s'affaisse; et si le mien fut toujours vertical, c'est que je nourrissais en moi un sentiment de vengeance, qui luttait victorieusement contre la bassesse de mon ancien ami.

Pour m'encourager dans ma forte résolution, je ne cessais de me répéter que tôt ou tard justice serait faite du ministre de la justice, et qu'il y avait quelque chose de fatal dans cette pensée du roi, qui donnait les balances à des mains comme celles de Peyronnet.

Eh bien! l'arrêt a été porté; le ministre a été chassé; j'ai cherché, moi sa victime, à l'arracher à la vindicte publique.

La colère et l'indignation sont des crises; elles passent comme les tourmentes. Je subis cette loi commune, et je plaignis.

CHAPITRE XXXIV.

NOUS ET DUCLOS.

La main de la destinée a coupé cette vie en deux : ici s'arrête la première part, quelle sera la seconde ? C'était pourtant un beau spectacle que ces vastes panoramas se déroulant au travers d'une magie si variée; c'était un splendide éblouissement à l'œil que ces mille et incessants prodiges s'enroulant tous dans une chaîne d'or; c'était une curieuse et haletante fatigue que de suivre la marche de tous ces étranges événements courant l'un après l'autre, actifs, coquets, désordonnés. Leur éclat, ce n'était point cette riche lumière

d'azur qui plane comme une grande aile posée
sur les flots calmes et inagités, ce n'était point
ce manteau d'un bleu sans tache embrassant
dans ses replis berceurs les dormeuses péré-
grinations : c'était bien plutôt cette flèche de
feu qui sillonne l'espace dans les bouleverse-
ments de l'orage, c'était encore cet autre éclair
qui rejaillit du sol alors qu'un escadron s'é-
lance, faisant pétiller et craquer ses sabots
impétueux. Jamais ce bonheur d'une paix
limpide et mesurée; mais les ardentes et bel-
liqueuses fantaisies, mais les fougueux, les
formidables emportements, mais la lutte contre toute résistance organisée, le combat avec
tout ce qui est digne de combattre, le bruit,
l'applaudissement, l'admiration enlevée d'assaut, la tourbe ébahie, la foule dominée, toute
une cité, tout un pays qui regarde, bat des
mains et crie; un bras de Samson maîtrisant
l'insolence des Philistins, les coups d'épée à
deux, les croisements de fer et de flamme en
plein champ de bataille; et puis au retour,
les triomphes de salon, les petites guerres de
boudoir, les allées de Tourny où l on s'en va

régner, et par droit de conquête et par droit de puissance, et par droit du plus beau et par droit du plus fort:—Voilà cette jeunesse, voilà cette première existence : donner le ton, commander à la mode, présider à toutes fêtes, à toutes parties d'honneur; jeter une balle où va le désir, faire une piqûre de chaque élan donné à son fleuret; faire de chacun de ses regards une colère, un châtiment, un doux ravage, une fascination; lancer un carrosse avec la noblesse d'un héros d'Homère, manier un étalon avec la main blanche et gracieuse d'une Amazone; et puis en passant cueillir un sourire de toutes les joues roses, butiner un bouquet, une palpitation s'échappant de toutes les gazes enivrées, affolées, délirantes; semer sa fortune à pleines mains, prodiguer son courage à plein cœur; émerveiller Bordeaux du luxe de son élégance; émerveiller Bordeaux, Lyon, la Vendée, Paris, du luxe de son héroïsme... Cette moitié de l'arène n'a-t-elle pas été dignement parcourue, n'a-t-elle pas été remplie sans lacune à l'heure où nous sommes? Qu'a-t-il manqué à toutes ces richesses d'âme, qu'a-t-il manqué à tous ces rayonnements étoilés ? Rien, pas même l'ombre après la lumière, les étroites et ténébreuses détresses ; rien n'a failli à l'honnête homme, pas même la prison, les cachots, presque la guillotine. Rien n'a failli à l'homme de bien, pas même la société des voleurs et l'approche des infâmes. Rien n'a failli à l'homme d'étude, pas même le rebut et l'expulsion qui accueillent l'ignorant, l'inconnu. Rien n'a failli à l'homme de cœur, pas même les lâchetés de l'ingratitude.

Nous ne voulons point ici porter d'un seul bond notre héros dans les cieux, nous nous déclarons tout d'abord les gens les plus maladroits de la terre pour élever une apothéose. Du scalpel de notre intelligence, nous cherchons à fouiller au fond des natures dont l'anatomie peut fournir matière à quelque utile enseignement; mais nous ne savons point mettre les cloches en branle, écrire un ordre de cortége, ouvrir les portes du temple, dresser les dix mille torches d'honneur, planter le dais, présenter les armes et, le front nu, courber les badauds, agenouiller les complimenteurs, exciter les bigotes grimaces en face d'une chapelle ardente.

Mais nous ne voulons point aussi que la supériorité renversée gise dans l'indigne pêle-mêle de la fosse commune; nous ne voulons point qu'à l'heure de la déchéance on s'en vienne déposer sur elle l'adieu glacé de l'animadversion; nous ne voulons point que toute chute soit frappée du pied, par cela seul qu'elle est à terre; nous ne voulons point pousser jusqu'aux enfers une créature de Dieu, parce qu'un jour aura sonné en ce monde, un jour où elle se sera souvenue quand tous oubliaient; un jour où elle aura marché dans le caprice de ses volontés d'airain, un jour où elle n'aura plus consenti à rien faire selon l'image des hommes; ce que nous ne voulons pas, enfin, c'est qu'une abdication soit proclamée un détrônement.

Ce que nous prétendons, c'est que les injustices, les menaces sourdes, les vilenies effrontées, pour lesquelles on s'est vu contraint de déserter son premier rang, ne passent jamais inattaquées. Ce que nous prétendons, c'est que l'opinion humaine — cette aveugle intraitable — ne prononce pas toujours, au seul toucher des résultats, sans nulle enquête des causes. Ce que nous prétendons, c'est que les phénomènes s'expliquent par la loupe de l'étude; c'est qu'on ne blasphème pas contre tel ou tel, parce que tel ou tel aura cru battre du front les nuages, et que vous l'aurez pris, vous, pour un habitant des derniers mondes souterrains. Hélas! hélas! qui d'entre nous osera garantir l'infaillible justesse de ses découvertes? Qui osera préciser une règle, comme uniquement sage, aux actions d'ici-bas? Qui osera fixer les limites de ce qui doit être, de ce qui ne doit pas advenir? Qui portera, sans crainte de la voir sécher, la main à l'arbre de la science du bien et du mal? Les sentiers vrais, les sentiers perdus nous ont été montrés de loin; mais où s'arrêteront-ils? Leur horizon n'existe pas.

Un philosophe de l'antiquité — je ne sais plus lequel — entrait un jour au théâtre, en sautant sur un seul pied. Ses amis l'interrogeant à cet égard :

— Je vois tous les autres, dit-il, s'y rendre sur leurs deux pieds, je suis dès lors convaincu que le contraire doit être préféré.

Dans les trois dernières années de sa vie, un philosophe de ces temps — Emile Chodruc-Duclos — descendait toujours ses cinq étages à reculons..., peut-être pour cet unique motif : que nous descendons autrement notre escalier.

Vous crierez aux deux extravagants ! Êtes-vous bien sûrs de votre droit ? Qui vous aura donc autorisés ? Ne serez-vous pas, au surplus, juges dans votre cause ?

Et puis, je comprends encore la condamnation sans plaidoyer, l'œuvre qu'on réprouve parce qu'elle n'a pas allégué sa justification, parce qu'elle n'a pas fait valoir sa logique ; mais la route peut fort bien, je pense, n'être pas poursuivie, dès que le but a changé. Nous ne sommes, après tout, sur la grande scène du monde, que des acteurs chargés, pour un temps, d'un rôle de plus ou moins d'importance ; libre à nous de revêtir le costume et les allures le plus en harmonie avec e personnage que nous nous sommes imposé.

Chodruc-Duclos, je vous l'ai dit, était le Sirius de la Gironde. Presque toute la pléiade qui l'escortait, qui brûlait par sa flamme et brillait par son éclat, était venue depuis s'installer dans les hauteurs du ciel parisien. L'astre-maître vint à la suite. Un de ses satellites, rien de plus, l'ex-avocat Peyronnet avait su monter loin encore au-dessus de tous ; et, s'il n'avait été qu'en seconde ligne à Bordeaux, il était en première dans la capitale de la France. Tant que Duclos avait marché en tête, il employa la puissance qu'il s'était conquise à toujours garder près de lui une place pour son frère de cœur, d'armes et de pays, pour son frère Peyronnet. Quand Peyronnet fut investi de la puissance qu'on lui avait accordée, Duclos arriva, heurta la porte de velours ; et son ami ne voulut qu'à grand'peine le reconnaître pour l'avoir vu quelque part, et ne voulut point se souvenir que ces deux jeunesses s'étaient tenu cependant la main toujours dans la main et l'honneur protégé par la même pointe de fleuret. Il est vrai de remarquer, en passant, que Sa Grâce monseigneur le garde des sceaux avait publié—depuis que les deux notabilités gasconnes s'étaient rencontrées — sa fameuse *Loi d'amour* et sa magnifique épître sur l'*Indifférence*.

Quant au simple citoyen Duclos, il est vrai d'ajouter encore qu'il n'avait écrit de loi d'amour et de satire contre l'indifférence, qu'avec cette généreuse plume de fer qui savait relever si éloquemment la cause perdue de l'avocat Peyronnet lui-même. Le simple citoyen Duclos n'avait point tracé sur son écusson de comte cette devise : *Non solùm togâ* (*L'épée me va aussi bien que la robe*); mais il avait gravé que *les armes lui allaient*, seulement, sur son bras qui était son blason à lui, puisqu'il lui servait à défendre ses amis: titre de noblesse qui vaut bien les autres. Le simple citoyen Duclos n'avait point proclamé à grands cris et à grandes gesticulations son dévouement à la dynastie nouvelle, il l'avait proclamé cent fois sous le feu de la fusillade et devant la bouche des canons : voilà tout.

Le simple citoyen Duclos n'avait point baisé la poussière des mille et une protections cramponnables, et n'avait point rougi le parquet général de la cour de Bourges au profit de la morale publique. Le simple citoyen Duclos n'avait point usé ses poumons et les oreilles de son département pour faire qu'on se débarrassât de tout ce tapage en l'envoyant déclamer à la chambre des députés.

Le simple citoyen Duclos n'avait point, à la chambre des pairs, hurlé comme un cannibale contre ces malheureux jeunes gens qui avaient conspiré au 19 août 1819. Le simple citoyen Duclos ne demanda point, à cette séance, vingt-huit têtes, vingt-huit pour satisfaire la vengeance royale!

Duclos ne reçut point un portefeuille pour cette sanglante brutalité. Duclos ne fut point élu par monsieur de Villèle — je devrais dire par madame du Cayla, — ministre, puis garde des sceaux du royaume de France.

Duclos n'avait point violé par ses ordonnances flétrissantes la sainteté de la toge magistrale ; Duclos n'avait point profané les autels de la justice en y glissant les souillures d'une police secrète.

A Duclos ne revenait point l'honneur d'avoir eu la première conception d'une *loi d'aînesse*, et créé cette fanatique et farouche *loi du sacrilége*.

Duclos n'avait point osé proposer en pleine tribune nationale la suppression de notre plus belle gloire, l'abolition de la presse.

Duclos, enfin, ne sentait pas sur sa conscience le poids d'un remords éternel, l'holocauste de l'un de nos plus dignes et plus braves officiers; Duclos n'avait point reçu le pourvoi du colonel Caron et dépêché un exprès au télégraphe, pour faire signifier l'ordre d'une immédiate exécution.

Duclos n'est pour rien dans tout cela ; et il ne craint pas de se montrer en public, et il ne rougit pas de venir affronter l'antichambre de Sa Grâce M. le ministre de la justice, comte de Peyronnet!

Chodruc-Duclos, sans grade et sans titre,

court à Lyon protéger l'étendard de la légitimité.

Deux fois Chodruc-Duclos vole en Vendée au secours de la Restauration, toujours plus grand, plus héroïque sur cette terre que l'Empereur baptisa la terre des géants.

Vingt fois Chodruc-Duclos, pour avoir été trop fidèle à la monarchie, est précipité sous les verrous, étouffé entre quatre étroites et mortelles murailles, déchiré par les fers dans les profondeurs des plus noirs abîmes, torturé par tous les supplices que peuvent inventer le servile despotisme d'un Fouché, la rancune d'un Napoléon.

Chodruc-Duclos n'a point vendu ses services; au seul cri de son âme, Chodruc-Duclos a tout donné, tout prodigué, sa fortune, jusqu'aux derniers débris; des semaines, des mois, des années de liberté, des flots d'un sang pur et généreux.

Tout cela pour les fils de saint Louis, de François Ier, d'Henri IV.

Maintenant que par les mains des Chodruc-Duclos les royaux exilés ont regagné une famille, une patrie, un état, les Chodruc-Duclos ont eu l'audace d'espérer ; les Chodruc-Duclos se sont pris à croire que les souverains vaudraient mieux que leurs ministres, que les fils du roi saint ne seraient pas impies, que les fils du roi chevalier ne se montreraient pas vils et petits, que les fils du *seul roi dont le peuple ait gardé la mémoire* ne perdraient pas toute mémoire d'un enfant de ce même peuple.

Aveugle aberration ! Vous aviez fait du bien à un parvenu, vous lui aviez serré la main, vous vous étiez battu pour lui.

Vous vous étiez armé pour deux princes parvenus, Louis XVIII, Charles X ; vous vous étiez pour eux laissé ruiner, emprisonner, couvrir de votre propre sang !

Votre nom avait toujours répondu le premier à l'appel, toujours été proclamé en tête des bulletins des braves, toujours cité en tête des défenseurs de ces parvenus.

Et vous voulez que le nom d'Émile Chodruc-Duclos n'ait pas été consigné en tête des importuns, sur la liste que ces gens-là donnent à leur valetaille?

Et vous voulez qu'on se décide à vous confirmer seulement ce brevet de maréchal-de-camp si bien mérité au service de leur cause, et dont le général La Rochejaquelein vous avait décoré sur le champ de bataille!

N'y songez pas, n'y songez pas, votre conduite a été trop belle pour vous permettre l'ambition. — Cette ambition ne serait rien de plus, il est vrai, qu'une restitution; mais des ministres ingrats et des rois traîtres, on coudoie cela tous les jours : un honnête homme ne se trouve pas comme cela.

— Que faire alors? s'écrier, c'est avoir l'air de se plaindre : il faut se tenir dans sa dignité. Se taire, c'est pousser le vice, ouvrir les chemins au crime, caresser les impunités, jeter dans les cœurs généreux le poison du découragement.

Pour l'exemple, pour l'équité, une vengeance donc; un châtiment qui parle au regard, à la foule; quelque flétrissure étrange, inconnue, perpétuelle, vénérée; telle qu'en voyant cheminer droit et fier cet instrument de supplice, chacun s'écarte et dise : « Laissez passer l'injustice des grands ! Laissez passer la justice populaire ! »

FIN DU PREMIER VOLUME.

TABLE

DU PREMIER VOLUME.

Préface. 1
Chap. I. Pourquoi ? 41
    II. Chez moi. 49
    III. Chez le curé. 60
    IV. Aux armes ! 70
    V. Bourivari. 74
    VI. Démangeaison. 81
    VII. Gare dessous ! 98
    VIII. Pauline de Besny. 106
    IX. Bonne renommée vaut moins que ceinture
        dorée. 116
    X. Martignac. 125
    XI. Une condamnation à mort. 128
    XII. Vive le vin. 148
    XIII. Confiteor. 155
    XIV. Le général Lannes. 160
    XV. Une tête de vieillard. 169
    XVI. Prêtre et martyr. 180
    XVII. L'assassinat. 200
    XVIII. Me voici corsaire. 206
    XIX. M'aime-t-elle ?. 224
    XX. Une mère. 230
    XXI. Ténériffe. 241
    XXII. La boîte de fer-blanc. 251

TABLE.

Chap. XXIII.	Le lion, la lionne.	262
XXIV.	Carnage.	273
XXV.	Délicatesses.	278
XXVI.	L'Abbaye.	290
XXVII.	Vendée.	295
XXVIII.	Moi et Fouché.	301
XXIX.	Une particule.	308
XXX.	Exil.	313
XXXI.	Le colonel Fabvier.	320
XXXII.	Mon ami Peyronnet.	327
XXXIII.	Petits poulets entretiennent l'amitié. .	332
XXXIV.	Nous et Duclos.	340

FIN DE LA TABLE DU PREMIER VOLUME.

Extrait du Catalogue de DOLIN, Libraire.

LIVRES DE FONDS.

ALEXANDRE DUMAS.

	FR.	C.	FR.	C.
LE CORRICOLO, 4 vol. in-8..................	30	»	22	»
JEHANNE LA PUCELLE, 1 vol. in-8...........	7	50	5	50
LE CAPITAINE ARÉNA, 2 vol. in-8...........	15	»	11	»

ŒUVRES DE CHARLES NODIER.

12 volumes, belle édition in-8.................	85	»	57	50
JEAN SBOGAR, 1 vol.......................	7	50	5	»
LE PEINTRE DE SALTZBOURG. — ADÈLE. — THÉRESE AUBERT, 1 vol........................	7	50	5	»
SMARRA. — TRILBY. — LES TRISTES. — HÉLÈNE GILLET, 1 vol..............................	7	50	5	»
LA FÉE AUX MIETTES, roman imaginaire, 1 vol..	7	50	5	»
RÊVERIES, 1 vol.............................	7	50	5	»
MADEMOISELLE DE MARSAN, 1 vol...........	7	50	5	»

NOTA. *Mademoiselle de Marsan* ne se vend pas séparément de la collection.

LE DERNIER BANQUET DES GIRONDINS, 1 vol.	7	50	5	»
SOUVENIRS ET PORTRAITS, 1 vol............	7	50	5	»
NOUVEAUX SOUVENIRS ET PORTRAITS, 1 vol.	7	50	5	»
SOUVENIRS DE JEUNESSE, 1 vol.............	7	50	5	»
LE DERNIER CHAPITRE de mon Roman, 1/2 vol..	3	»	2	50
CONTES en prose et en vers, 1 vol............	7	50	5	»

ALPHONSE KARR.
(Ce qu'il y a dans une bouteille d'encre :)

GENEVIÈVE (1re livraison), 2 vol. in-8......	15	»	10	»
CLOTILDE (2e livraison), 2 vol. in-8.........	15	»	10	»

ŒUVRES DE Mme J. D'ABRANTÈS.

LES DEUX SOEURS, 2 vol. in-8..............	15	»	10	»
BLANCHE, roman intime, 2 vol. in-8.........	15	»	10	»
LA DUCHESSE DE VALOMBRAY, 2 vol. in-8....	15	»	10	»
ÉTIENNE SAULNIER, 2 vol. in-8............	15	»	10	»
LA VALLÉE DES PYRÉNÉES, 2 vol. in-8......	15	»	10	»
RAPHAEL, 2 vol. in-8......................	15	»	10	»

TOUCHARD-LAFOSSE.

CHRONIQUES DES TUILERIES ET DU LUXEMBOURG, physiologie des Cours modernes, 6 v. in-8.	45	»	18	»
LES RÉVERBÈRES, chroniques de nuit du vieux et du nouveau Paris, 6 vol....................	45	»	18	»
SOUVENIRS d'un demi-siècle, 6 vol. in-8........	45	»	18	»
LE PÉCHÉ ORIGINEL, par Jules David, 2 vol. in-8.	15	»	10	»

Imprimé par Béthne et Plon.

www.ingramcontent.com/pod-product-compliance
Lightning Source LLC
Chambersburg PA
CBHW070853170426
43202CB00012B/2050